—— 作者 ——

杰夫·科特雷尔

英国皇家天文学会会员、牛津大学天体物理学系和卢瑟福阿普尔顿实验室访问科学家，在剑桥大学卡文迪许实验室获射电天文学博士学位，自1999年开始致力于研究聚变能发展的核心问题——聚变材料，特别是计算高能聚变中子对动力反应堆壁的影响。2006年至2011年曾任卡勒姆国际等离子体物理暑期学校主任。

A VERY SHORT
INTRODUCTION

MATTER
物质

［英国］杰夫·科特雷尔 著
刘翔 李硕文 李家赓——译

译林出版社

图书在版编目（CIP）数据

物质 /（英）杰夫·科特雷尔（Geoff Cottrell）著 ;
刘翔，李硕文，李家赓译. -- 南京 : 译林出版社，
2025. 3. --（译林通识课）. -- ISBN 978-7-5753-0549-
5

Ⅰ. 04

中国国家版本馆CIP数据核字第2025KJ4710号

著作权合同登记号　图字：10-2024-433号

物质　[英国] 杰夫 · 科特雷尔 / 著　刘　翔　李硕文　李家赓 / 译

责任编辑　陈　锐
装帧设计　孙逸桐
校　　对　王　敏
责任印制　董　虎

原文出版　Oxford University Press, 2019
出版发行　译林出版社
地　　址　南京市湖南路 1 号 A 楼
邮　　箱　yilin@yilin.com
网　　址　www.yilin.com
市场热线　025-86633278
排　　版　南京展望文化发展有限公司
印　　刷　徐州绪权印刷有限公司
开　　本　850 毫米 × 1168 毫米　1/32
印　　张　4.875
插　　页　4
版　　次　2025 年 3 月第 1 版
印　　次　2025 年 3 月第 1 次印刷
书　　号　ISBN 978-7-5753-0549-5
定　　价　59.00 元

序 言

李学潜

物质不仅在物理上是我们关注的对象，它也有深刻的哲学含义。然而哲学也许太深奥，跟我们息息相关的还是周围绚烂多彩又光怪陆离的物质世界。正因为我们生活在物质世界中，不识庐山真面目，只缘身在此山中，探讨物质世界的难度似乎是巨大的。这点在霍金晚年的著作中，当他论证宇宙演化时做了很清晰的表述。然而自几十万年前开始，人类就对大自然感兴趣，对物质的研究薪火相传，从未断绝。我们的根本问题就在于什么是物质，它的特征是什么。

虽然长达几十万年的人类的不懈努力聚集了很多对自然的观测和一些天才的成果，但物理学成为真正的科学，它的预言能与物质世界相吻合，则是从伽利略和牛顿的理论开始的。有了第一步，物理学就以越来越快的速度高速前进了，对物质世界的认识逐渐走向深入，在量子力学问世之后，人类的认知水平发生了断层式的飞跃！然而，随着物理学的快速发展，物理学家与普通百姓的隔层也越来越大，越来越明显。物理学家倾向于用越来越复杂的数学来描述物质结构，以及在自然界发生的各种现象。在研究高能物理时这个倾向更明显，一些唯象模型往往被嘲笑和忽视，而如超弦等深奥理论往往被学术界欢迎。这种趋势似乎在一定程度上背离了物理学的初衷。但是物理就是物理，是研究自然现象的根本，再复杂的理论最终也一定要回归到和自然界相关的形式。

其实，能够避开复杂数学，直接用文字来介绍物质的物理实质的书是可以让广大读者受益的。真的，要理解这个物质世界，普通人，包括工人、农民、经济学家、律师，乃至化学、生物学领域的专家，不需要知道量子色动力学是如何把夸克束缚在一起的细节，但他们想要对物质世界有个形象的理解，这既是由于人类的好奇心，也是对其他领域研究的促进（又回到哲学啦），特别是与物理相关的技术和工程学科。英国科普作家杰夫·科特雷尔的《物质》一书确实是向普通读者介绍深奥物理的典范之作。

科特雷尔从最基本的宏观物质开始，一层一层地深入下去，直到构成强子的夸克结构和轻子、光子、胶子、希格斯粒子的理论框架。他的做法是现代物理学的一个重要研究方式：回归法（reduction）。这个方式必须归功于伟大的玻尔兹曼，他的分子运动论建议宏观上能够观测到的现象都由微观粒子（当时认为是分子，但本书中追根溯源，认为所有物质都是量子的，那就要追到夸克层次了）的运动决定，这解释了当年让人困惑的布朗运动和比热公式。玻尔兹曼建立起宏观与微观间的桥梁，这绝对是概念上的突破，也是今天研究“物质”的唯一正确途径。

《物质》一书遵循着这个原则，开始介绍宏观物质，深入到原子层次。然而到了这个层次，经典的物理机制就必须抛弃，被量子力学所代替。当然，在认识物质的过程中，最先开始的还是对宏观乃至天文客体运动规律的了解。在“物质的形式”一章中，作者介绍了多种物质的存在形式：气体、液体、固体和等离子体。宏观上它们有很大差别，但到了微观世界，我们可以看到它们都是由相同的机制决定的。

我们特别注意到作者讨论了热力学。热力学看似完全是宏观现象（建立了热力学定律），但热力学第二定律的原则可以推广到更深层次（乃至宇宙学）。熵的引入无疑又是玻尔兹曼的伟大功绩（当然最开始熵这个名词是由克劳修斯提出的，但这个概念的发展要归功于玻尔兹曼），我们在不断应用熵增原则解释自然界（包括宇宙）的一切难题。

在讨论物质的基本属性方面，作者首先考虑的是质量，今天我们知道，电荷、自旋都和质量一样是物质的基本属性。但我们都知道，宏观物质由原子构成，而原子由原子核和电子构成，原子核包含质子和中子，而质子、中子由夸克构成，那么在宏观物质的质量中，电荷就不是基本的，这样推演下去只有夸克的质量、电荷和自旋（还有颜色，但这个颜色并非是我们熟知的宏观颜色，只不过是类比而已）才是最基本的。这里，我们并不同意作者的观点：夸克就到了可分的极限。不错，我们目前的实验手段还不足以找到下一个层次的结构（如果存在），但绝不意味这就是最终。事实上，很多理论都探索了构成夸克的物质，例如前子（preon）等。的确，这个序列可能是无尽头的，至少要延展到普朗克尺度

（本书中多次提及）。

在本书中，作者论述了夸克结构不足以解释质子的质量起源，也就是简单的加法不适用。质子的质量远大于三个夸克质量之和，超过99%的质子质量是由夸克和胶子的动能决定的。这需要用量子色动力学（QCD）来解释。即使这样，退一万步讲，假如夸克是最基本的，它们（除了三代轻夸克，还有重的粲、底和顶夸克）的质量从何而来，电荷、自旋、颜色又是如何被赋予的？理论上可以从希格斯理论中由于真空的自发破缺得到，但马上出现了不同夸克与希格斯场的不同耦合系数这个难题，仍然没法完美解决。和宇宙学的难题一样，它被认为自然界就是这样，不必再深究了。但是，物理学家并不满足于停留于此，于是超对称、超弦理论就出现了。我们并不一定认为这些新理论就是正确的，但这个方向绝对是物理学家所崇尚的。还有另一种方式，也是宇宙学家目前接受的，即人择原理。霍金曾大力推崇这个原理，在他的著作《时间简史》中有大量论述。但在晚年，他不再满意这个“人择”，而是希望探索更深层次的支配原则。那么对“物质”结构的探索，我们或许也不能停留在夸克带+2/3或−1/3电子电荷（绝对值），自旋为1/2的论断。有很多新的理论（大部分不成功）在探索这个新层次。

本书给读者的启发就是物理“物质”是有层次的，但是作者自己就违反了这个原则，希望停留在夸克层次，这时我们目前接受的“标准模型”有两个：一个是关于粒子物理的，另一个是关于宇宙学的ΛCDM。但显然它们并没有走到一起，量子论和相对论也没有融合（并非如作者所认为的狄拉克的相对论量子力学公式解决了这两个伟大理论的矛盾，相对论是确定论，而量子力学是概率论），因而物理学在理解物质这个概念上还有漫长的路要走。

作者是一个科普作家，虽然他深入浅出地介绍了“物质”这个深奥概念，给读者一个清晰的图像来理解物质是什么，但由于他的视野还有一定的局限性，有些提法与现代理论和实验结果不符合。例如，作者认为能量（当然也是动量）可以在短暂的瞬间内不守恒。这显然是错误的。早年为了解释中子衰变产生的电子能量不确定的疑难，玻尔提出能量守恒只是在宏观统计意义下得到保证的，但这个论点被泡利、爱因斯坦等人坚决拒绝。最后泡利提出中微子的存在完满地解决了中子衰变中电子能量的困惑。我想，我们应该有一个共识，一个理论家可能犯错误，提出不合理甚至是谬误的理论假说，最后被证明是错误的，要被抛弃；但这不能否定他在探索自然规律的漫长道路上所做的努力，他的错误理论可以被后来者作为借鉴，鼓励他们寻找正确的途径。玻尔尽管在这个问题上犯了错，但他仍然是伟大的学者，是量子论的先驱，受到了应有的尊敬。瑕不掩瑜，尽管有这样那样的错误和不恰当的地方，但本书在致力为读者构造物理图像框架的努力上基本是成功的。

特别是作者强调，现有的理论只不过是近似的，很多问题，例如暗物质、暗能量都没有合适的理论去解决。就像19世纪末的两朵乌云，最后导致量子论和相对论的出现，而今天理论在这些问题前的无能为力也许正预示新的、更合理的理论将在年轻人的努力下创生，这个论断也许可以激起年轻人的兴趣，将他们吸引到物理学的研究中来，成为新鲜血液！

本书译者中刘翔教授是我国杰出的年轻学者，在强子（介子、重子、多夸克态）结构方面以及将动力学应用到强子的产生、衰变和诸如CP破坏等方面的工作都受到了国内外学者广泛的赞扬。在教学和科研的同时，他也致力于为广大物理爱好者做科普工作，他认识到科普的重要性，认为只有得到社会的广泛支持，特别是青少年学子的认可和参与，物理学才能得到真正的发展。

本书是刘翔和他的团队翻译的一本科普书，希望广大读者通过阅读此书能从中受益，并喜欢这本书。

目　录

致　谢　1

第一章　什么是物质？　1

第二章　原　子　11

第三章　物质的形式　19

第四章　能量、质量和光　38

第五章　原子的量子世界　51

第六章　量子物质　77

第七章　基本粒子　96

第八章　元素从何而来？　115

第九章　暗物质和暗能量　130

译名对照表　141

扩展阅读　144

致　谢

我很高兴地感谢我的编辑拉莎·梅农，她提出了这个激动人心的通识读本主题。我也要感谢菲尔·霍普金斯、劳拉·劳罗和乔·马克斯对初稿提出的宝贵意见。

第一章

什么是物质?

世界上的所有事物都是由物质构成的。当我们用最强大的显微镜观察自己的身体,会发现我们是由原子构成的。在原子内部的中心,有一个微小的原子核,围绕原子核运行的是一团电子。原子核是由质子和中子组成的。当我们放大一个核子时,会发现里面有更小的粒子——夸克,夸克是最强大的显微镜在分辨率极限下所能看到的最小粒子。据我们所知,电子和夸克不是由更小的粒子构成,因此我们称它们为基本粒子。所有的物质都是由电子和夸克构成的。

原子是如此之小,以至于100万个原子仅仅能覆盖住一根头发丝的截面。如果把一个苹果放大到地球那么大,构成苹果的原子才会像苹果一样大。原子的直径约为10^{-10}米(当某个量是10的几次幂时,比如10^{6},这就代表要在1后面加6个零,也就是1 000 000或一百万;当某个量是10的负几次幂时,比如10^{-6},这代表小数点后第6位的数字为1,也就是0.000 001或百万分之一)。你的身体包含了大约10^{29}个原子,这决定了人体尺度大约为两米。

物质存在形式多种多样,纷繁复杂。我们所熟悉的书、桌子、水、猫等事物,都有复杂的结构和成分。它们由大量的原子构成,并以形状不同、大小不同的团簇形式黏合在一起。把原子聚集成团簇和将电子束缚在原子核周围的“黏合剂”，是电性相反的电荷之间相互吸引的电场力。粒子相互作用，在空间中形成不同的物理形态和排列，这使得物质有着各种各样可能的结构。原子之间以不同形式存在的电场力相互作用，形成了各种类型的原子键，这使原子连接在一起形成分子，并构成了化学的基础。分子可以像水分子一样简单（两个氢原子和一个氧原子，或H_2O），也可以像你身体中由数百万个原子构成的蛋白质大分子一样复杂。

如果一种物质不能通过普通的物理或化学过程分解成两种或两种以上的物质，那么这个物质就是一种元素。地球上共有92种自然存在的化学元素，每一种元素都有它独特的性质。在1867年之前，人们只发现了63种元素。后来，人们发现，不同的原子有不同的原子量，最轻的氢原子的原子量仅为1，而最重的铅原子的原子量为207（人们将氢原子的质量1.67×10^{-27}千克定义为基本化学单位，即为原子质量单位）。当时，科学家们正在寻找能描述元素性质的规律，从而揭示更深层次的结构。俄罗斯化学家德米特里·门捷列夫熟知这些元素的性质，他将它们的名称和性质写在卡片上，并将它们按原子质量排序。他注意到元素的化学性质有一个规律，即它们按照一种周期规律重复排列。门捷列夫这样描述他的发现：“在梦中，我看到了一张表，所有元素各居其位。醒来后，我马上将其写在一张纸上。梦境是如此准确，以至于后来只有一个地方需要更正。”根据规律，表格中缺少一些元素，门捷列夫为这些元素留下了空位，并自信地预测了锗、镓、钪三种元素。之后，这些元素很快都被发现了。

现代元素周期表（图1）不是按原子量排列的，而是按原子序数排列的。原子序数是原子核中质子的数量，它也等于原子中所包含电子的数量，范围从1（氢）到92（铀）。其他比铀重的元素，都是人工合成的。后来，亨利·莫斯利发明了一种X射线技术，这种技术可以测量原子核中质子的数量。我们现在使用的元素周期表，正是通过这种X射线技术得到的。随着原子序数的增加，原子的性质成周期性递变规律：第一排有两种元素（氢和氦），第二、三排有8种元素（锂到氖，钠到氩），接下来的三排各有18种元素。这个表格不仅仅代表了元素排列的规律，它更揭示了一种深深植根于自然界和原子结构中的规律。

元素周期表由量子规律决定。原子中的电子以原子轨道的方式分散地围绕着原子核，在原子核周围形成壳层结构。核外电子在壳层中排布的时候，尽可能使原子整体的能量最小化，当电子壳层完全被填满时，原子的能量最低。[①]比如说，第一个具有全壳层的原子是氦（原子序数为2），第二个是氖（原子序数为2 + 8 = 10），第三个是氩（原子序数为2 + 8 + 8 = 18），依此类推。这些稳定的满壳层原子位于元素周期表的最后一列，它们在化学中被称为惰性气体。

不同的原子可以相互组合，形成分子。这就类似于字母表中的字母，相互组合构成单词。世界上到底有多少种分子？英语中

① 对于大多数情况成立，存在特例。——译注

I	II							
							1 H hydrogen 1	
3 Li lithium 7	4 Be beryllium 9							
11 Na sodium 23	12 Mg magnesium 24							
19 K potassium 39	20 Ca calcium 40	21 Sc scandium 45	22 Ti titanium 48	23 V vanadium 51	24 Cr chromium 52	25 Mn manganese 55	26 Fe iron 56	27 Co cobalt 59
37 Rb rubidium 85	38 Sr strontium 88	39 Y yttrium 89	40 Zr zirconium 91	41 Nb niobium 93	42 Mo molybdenum 96	43 Tc technetium –	44 Ru ruthenium 101	45 Rh rhodium 103
55 Cs caesium 133	56 Ba barium 137	57–71 lanthanoids	72 Hf hafnium 178	73 Ta tantalum 181	74 W tungsten 184	75 Re rhenium 186	76 Os osmium 190	77 Ir iridium 192
87 Fr francium –	88 Ra radium –	89–103 actinoids	104 Rf rutherfordium –	105 Db dubnium –	106 Sg seaborgium –	107 Bh bohrium –	108 Hs hassium –	109 Mt meitnerium –

镧系元素	57 La lanthanum 139	58 Ce cerium 140	59 Pr praseodymium 141	60 Nd neodymium 144	61 Pm promethium –	62 Sm samarium 150	63 Eu europium 152
锕系元素	89 Ac actinium –	90 Th thorium 232	91 Pa protactinium 231	92 U uranium 238	93 Np neptunium –	94 Pu plutonium –	95 Am americium –

图1　元素周期表

			III	IV	V	VI	VII	VIII
								2 He helium 4
			5 B boron 11	6 C carbon 12	7 N nitrogen 14	8 O oxygen 16	9 F fluorine 19	10 Ne neon 20
			13 Al aluminium 27	14 Si silicon 28	15 P phosphorus 31	16 S sulfur 32	17 Cl chlorine 35.5	18 Ar argon 40
28 Ni nickel 59	29 Cu copper 64	30 Zn zinc 65	31 Ga gallium 70	32 Ge germanium 73	33 As arsenic 75	34 Se selenium 79	35 Br bromine 80	36 Kr krypton 84
46 Pd palladium 106	47 Ag silver 108	48 Cd cadmium 112	49 In indium 115	50 Sn tin 117	51 Sb antimony 122	52 Te tellurium 128	53 I iodine 127	54 Xe xenon 131
78 Pt platinum 195	79 Au gold 197	80 Hg mercury 201	81 Tl thallium 204	82 Pb lead 207	83 Bi bismuth 209	84 Po polonium –	85 At astatine –	86 Rn radon –
110 Ds darmstadtium –	111 Rg roentgenium –	112 Cn copernicium –		114 Fl flerovium –		116 Lv livermorium –		

64 Gd gadolinium 157	65 Tb terbium 159	66 Dy dysprosium 163	67 Ho holmium 165	68 Er erbium 167	69 Tm thulium 169	70 Yb ytterbium 173	71 Lu lutetium 175
96 Cm curium –	97 Bk berkelium –	98 Cf californium –	99 Es einsteinium –	100 Fm fermium –	101 Md mendelevium –	102 No nobelium –	103 Lr lawrencium –

目前大约有25万个单词，它们全部基于包含26个字母的字母表。同一个字母可以出现在两个意义完全不同的单词中。例如，字母“a”可以出现在“cat”（猫）中，也可以出现在“bat”（蝙蝠）中，这两个单词的意思完全不同。与字母类似，氢原子（H）既可以存在于水分子（H_2O）中，也可以和碳原子（C）结合形成甲烷（CH_4），但水分子和甲烷确实是两种性质完全不同的分子。理论上，以不同方式组合元素周期表中的元素，就可以形成数十亿种不同的稳定化合物。

物质的尺度

为了对物质的尺度有一个基本概念，重要的是要了解如图2所示的各种各样的物质的尺度。出乎意料的是，从我们目前认知的最小结构到最大结构（可观测宇宙）之间，这涵盖了大约六十二个数量级区间。这把我们从最小结构的量子世界带到由引力主导的最大结构的世界。人的尺度在圆环底部，大致位于图的两臂中间。最大结构的范围可以从地球大小的对象到星系团和超星系团。阿尔伯特·爱因斯坦的广义相对论，就对这些大尺度结构及其所占据的空间做了描述。在最小尺度这一端，所有的物质都遵循量子力学的规律。目前，还没有一个完整的理论能将量子世界和由引力主导的世界联系起来。因此，人们提出了各种量子引力理论，尝试去弥合这一鸿沟，我们在此不作描述。

让我们用一个假想的变焦镜头，从人体尺度出发，将镜头显示放大到越来越小的尺度。如果想看到你体内的细胞，你需要从

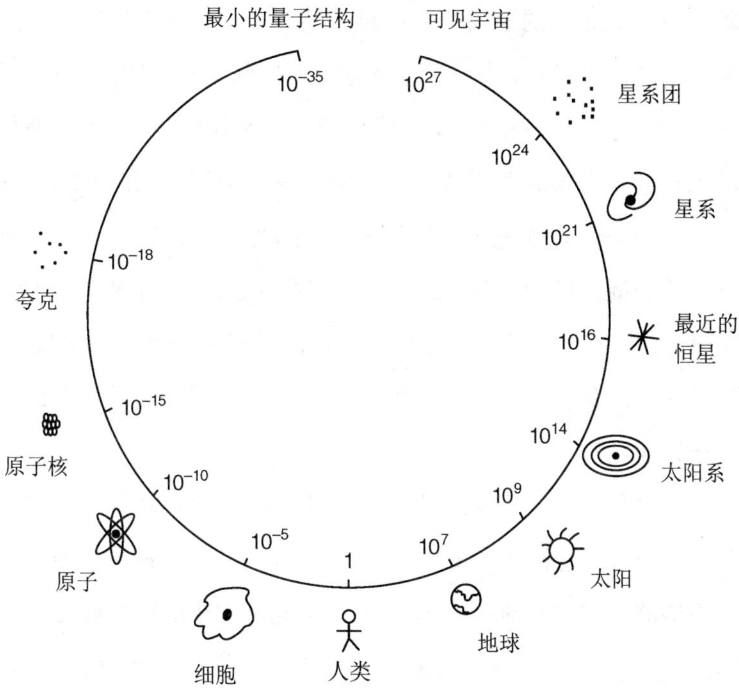

图2　物质尺度环（以米为单位）

人体尺度放大10万倍。利用可见光的波长就可能观察到细胞。然而，光不能用于分辨小于其波长的结构。光的波长约为500纳米（1纳米等于10^{-9}米，1厘米包含2万个光波长），为了看到更小的事物，我们必须使用更短的波长。电子显微镜中被加速的电子有着更短的波长，这足以让我们观察到像原子一样小的结构。在从细胞放大到原子的过程中，放大倍数又需要增加10万倍。从原子尺度再放大10万倍，我们就可以观察到原子核。当总的放大倍数达到1万亿倍时，我们就到达了量子世界的尺度，物质的波动性质使我们观察到的事物变得模糊不清。为了能进一步放大并观察质子的内部结构，我们必须将电子加速到具有高能量，令其速度达到光速的99.9%以上，并使它们撞击到原子核中，这样便可以观察质子内部的亚结构——夸克。（真空中的光速约为每秒30万千米。）在这段旅程中，我们不能再借助显微镜继续走下去，从进入量子世界起，我们就必须依靠理论。被认为存在并在物理学规律方面具有意义的空间的最精细划分，是10^{-35}米尺度上的微小量子涨落。要想看到这一尺度的任何结构，需要放大倍数的巨大飞跃（10^{17}倍）。

如果我们再次从人体尺度出发，将镜头显示缩小1 000万倍，我们的视野就会被地球填满。从现在起，这些大的结构都是由引力塑造的。将镜头显示再缩小100倍，充满整个画面的就是我们的恒星——太阳。下一个最大的结构是直径为300万亿米的太阳系，如果想看到它，我们就必须将镜头显示进一步缩小1万倍。光到达太阳系外的冥王星大约需要五个小时。我们需要等待4.2年，一束来自距离太阳最近的恒星——比邻星——的光才能到达我们眼前，也就是说，比邻星距离我们有4.2光年。当镜头中的视野继续缩小，我们将会看到令人敬畏和激动人心的景象——我们的家园银河系。银河系是一个盘状螺旋星系，它包含了1 000亿颗恒星，直径为10万光年，我们必须再把镜头显示缩小1万倍以上，才能看见它的轮廓。

一个世纪以前，人们认为银河系就是整个宇宙，但事实并不是这样。我们所在的银河系只是本星系群的大约30个成员之一，为了能让本星系群装进镜头框内，我们需要将显示再缩小10倍左右。除此之外，甚至还有更大的结构，例如直径超过3亿光年的后发星系团，它包含1 000个星系，这些星系在引力作用下结合成一个大致呈球形的星系团。要看到这个星系团，我们需要将镜头显示再缩小100倍。宇宙中已知的最大结构是巨大的超星系团，以及包围着宇宙中广袤空间的纤维状结构。除此之外，我们能用望远镜看到的最远距离，是可观测宇宙的边界，其直径约为1 000亿光年。这个球形的可观测宇宙包含了所有可观测到的结构，它由1 000亿个星系组成，总的物质含量为10^{80}个氢原子。我们将会在第九章中讨论这些大尺度的结构。值得注意的是，可观测宇宙中物质的平均密度约为每立方米几个氢原子。宇宙的大部分区域是空的，相比之下，地球上的氢原子密度几乎是它的10^{30}倍，这使得地球成为宇宙中一个高度非典型的区域。

我们将在本书的第三章中看到物质的固态、气态、液态是如何产生的，并可以看到一些其他的物质状态。如果我们像艾萨克·牛顿一样，将物质定义为质量，那么本书第四章所描述的质量和能量的等价性，将会使我们对物质有更深层次的理解。同时，这一性质还揭示了原子核释放的巨大原子能的起源。在第五章中，我们将进入奇怪而模糊的量子世界，去了解量子理论是如何解释原子的结构和元素周期表的。第六章中会讲到，当大量的粒子在一定条件下聚集在一起时，它们可以在宏观尺度上表现出有趣且连贯的量子行为。这一现象的发现促进了量子测量仪器的发展，使得“千克”这一基本质量单位可以用自然界的基本常数精确定义。第七章介绍了组成物质（包括反物质）的基本成分，阐述了如何利用大约二十个不同的量子场来理解世界。多数物质的质量可以用这些量子场中的能量来解释。为了理解元素的起源，在第八章中，我们从宇宙形成初期开始，回顾了宇宙的历史，并探索了元素是如何在宇宙大爆炸中形成的。物质就是能量，能量导致空间弯曲。[①]天文学家正在利用这一特性推测宇宙中有多少物质，并确定它们的位置。最后，在第九章中，我们认识到，我们生活中常见的由原子、分子组成的普通物质，只占宇宙中所有物质类型的5%。宇宙中剩余的物质似乎由两种完全神秘的物质组成：暗能量和暗物质。然而，了解以上一切的基础是，我们需要确保组成物质的基本成分——原子——真实存在，这是第二章的主题。

① 本书关于空间被物质弯曲的讲法，大多数情况下应更严格地理解为时空被物质弯曲。——译注

第二章

原　子

西方科学的诞生可以追溯到古希腊哲学家的时代。大约在公元前500年，米利都的泰勒斯创立了一个学派，试图通过运用逻辑和理性观察自然来解释世界。他提出，所有的物质都是由一种原始物质组成的，他认为这种原始物质就是水。虽然他的观点是错误的，但重要的是，他开启了一种以观察世界本身为基础的思维方式。这种思维方式产生了一种具有预见性的观点，即物质的组成部分是原子，这一观点大约在公元前450年被留基伯和德谟克利特提出。

拿一个苹果，把它切成越来越小的块。最终达到了无法再切割的程度，这揭示了物质的最细颗粒度——原子。原子这个词来自希腊单词atomos，意思是不可分割。人们认为，这些最终粒子是坚不可摧的，只是在形状、大小、位置和排列上有所不同。希腊人设想了一个原子能在其中不停运动的空间，叫作虚空。原子主义者美丽而简单的观点是，宇宙仅仅由两种元素组成：原子和虚空。

大约在公元前350年，亚里士多德相信，土、火、气、水这四种元素的不同组合就可以解释日常生活中的物质。亚里士多德的哲学立场是如此伟大，以至于这种观点一直持续到中世纪，并启发炼金术士们徒劳地寻找将铅等基础物质转化为黄金的方法。炼金术士们坚信世界是由四种元素组成的，与实验化学基本形式最相近的是他们使用的有效科学方法。这包括研磨、混合、加热和蒸馏常见的物质，如水、油、汞、土、硫、盐和空气。欧洲的黑暗时代从公元6世纪持续到14世纪，在这一时期，科学的发展基本上陷于停滞。17世纪初，法国哲学家勒内·笛卡尔认为，物质的主要性质是延展性，即占据空间的长度、宽度和高度，或者我们所说的体积。这一时期标志着启蒙时代的诞生，定量科学在启蒙时代真正开始腾飞。大约从那时起，原子假说开始根据需要重新出现在当时的理论中，但是仍然没有原子存在的证据。

质量是物质概念的核心。质量首先出现在牛顿的运动定律中，它构成了现代经典力学的基础。牛顿提出了一个问题：在已知行星运动状态的情况下，是否有一条简单的规律可以用来计算行星的运动。在这段探索中，他发展了微积分，以求解外力影响下一个质点在无限小时间内运动状态变化的方程。他把静力学研究中众所周知的力的概念与加速度联系起来，并由此引入了质量的概念。在牛顿第二定律（力 = 质量 × 加速度）中，质量的意义是严格的惯性质量，即物体对其运动状态变化的抵抗程度。

牛顿的重大突破是把运动定律和万有引力定律联系起来。作用在物体上的力，是由附近物体的位置和质量决定的。牛顿的万有引力定律指出，两个有质量物体之间的万有引力等于它们的质量相乘再乘以一个常数（牛顿的万有引力常数G），再除以它们距离的平方。引力是一种普遍存在的长程力（即所有的质量相互吸引）。运动定律和引力定律的结合，使他能够计算出在引力作用下有质量物体的过去和未来的状态。据此，他成功地精确解释了月球、行星、彗星甚至潮汐的运动。

牛顿的物质观是什么？在1704年的《光学》一书中，牛顿写道，物质是由“实心的、有质量的、不可穿透的、可移动的粒子……非常坚硬，永远不会磨损或破碎……”构成，即一种与德谟克利特没有太大区别的原子的观念。不同的是，“质量粒子”在力的作用下以确定性的方式运动。

重量和质量很容易混淆，但它们之间有一个重要的区别。当我们给一个物体称重时，我们实际上是在测量它受重力的牵引力有多大。如果我们在弹簧秤上放一公斤苹果，一个大质量（地球）将苹果（小质量）向下拉，抵消弹簧的拉力。根据对称性，小质量也拉大质量；吸引它们在一起的力是相等的、相反的，不管我们认为是地球拉着苹果，还是苹果拉着地球。这就是牛顿第三定律。然而，太阳对地球施加的引力是苹果的10^{22}倍，所以苹果对地球的影响可以忽略不计。这就是为什么地球的轨道是由太阳而不是苹果控制的原因。（由于对称性，地球也对太阳施加一个力。然而，由于地球的质量只有太阳质量的百万分之三，这种影响是很小的。这两个天体围绕着它们共同的质心运行，而质心恰好位于太阳内部。）如果我们把一公斤的苹果带到月球上，月球的质量只有地球的六分之一，那么天平上的苹果也只有六分之一公斤。如果把它们带出太空，远离任何引力物质，或者带进地球周围的空间站，它们就会以自由落体的状态存在，而且是失重的。质量是一个物体的固有属性；而在地球、月球或火星上，同样物体的重量会有所不同。

在牛顿取得辉煌成就之后，研究物质和原子的工作就转移到了早期的化学家身上。到18世纪末，定量化学取得了重要的进展，这在很大程度上归功于测量反应物重量的精确天平的发明。化学家们也更频繁地使用“元素”这个词，当时已知大约有三十种元素。氧的发现者约瑟夫·普里斯特利和安托万·拉瓦锡的第一次定量化学实验表明，我们所熟悉的物质通常是氢、氧、碳、铁和硫等元素的组合。1789年，拉瓦锡发现了质量守恒定律，即当物质结合时，参与反应的化学物质的质量总是等于生成物的质量。例如，氢的质量加上氧的质量总是等于生成的水的质量。但是悲惨的命运降临到拉瓦锡身上。他是法国大革命时期的税务员和贵族；他被称为叛徒，并于1794年被送上断头台。数学家约瑟夫·拉格朗日对他表示敬意：“他们只花了一瞬间就砍掉了他的头，而要再出现像这样的大脑可能需要一百年。”

19世纪初，随着英国化学家约翰·道尔顿的实验，原子理论获得了更强有力的立足点。道尔顿提出，每一种化学元素都是一种独特的原子类型，其重量不同于其他元素。道尔顿发现，当元素化学结合时，它们的重量比例是简单的数值比。道尔顿常数比例定律指出，当元素形成化合物时，它们的重量总是以简单的整数比结合。例如，与给定重量的氢结合形成水所需的氧的重量总是氢的8倍。道尔顿制作了一张元素相对重量的有序表：氢、氮、碳、氧、磷、硫、铜、铅、银、金、铂和汞。这张周期表启发了门捷列夫和其他人，它是现代元素周期表的先驱。

来自化学的简单数值比使许多人相信原子的存在，但其他人仍然持怀疑态度。化学家已经揭示了许多关于原子和分子的事实，但无法测量它们的大小和绝对重量。据说，最终确定原子存在的关键发现，最早是在古代进行的。公元前1世纪，罗马诗人卢克莱修追随原子主义者德谟克利特的脚步，写下了伟大的史诗《论事物的本质》。幸运的是，卢克莱修知道较早期的工作，因为在公元前48年，埃及的亚历山大图书馆的一场大火，烧毁了德谟克利特的大部分原始书籍和手稿。在他的诗中，卢克莱修描述了一个黑暗的房间，一束阳光穿过百叶窗上的一个洞射进来。灿烂的光照亮了光束中无数微小的尘埃颗粒。它们激烈地颤动着，似乎被随意推挤着。卢克莱修认为，这种运动是由大量看不见的原子造成的，它们不断地对尘埃颗粒进行微小的打击。

1827年，英国植物学家罗伯特·布朗也发现了同样的现象，他一直在研究水中的花粉粒。微小的粒子在周围跳舞（图3），好像它们有自己的生命。当时人们对活力论很感兴趣，试图寻找一种假想的生命力，它被认为可以注入生物体。布朗想知道他是否发现了这种生命力，并进行了关键的实验。他用精细的二氧化硅颗粒代替了花粉颗粒，但这些颗粒仍在晃动。后来发现，这种被称为布朗运动的现象并不是生命力。

爱因斯坦天才地发现了布朗运动所揭示的东西，他用概率论中的原理推断出了分子的存在及其大小。即使原子本身太小而不能被看见，它们也能在其他可见的非常小的粒子中产生一种明

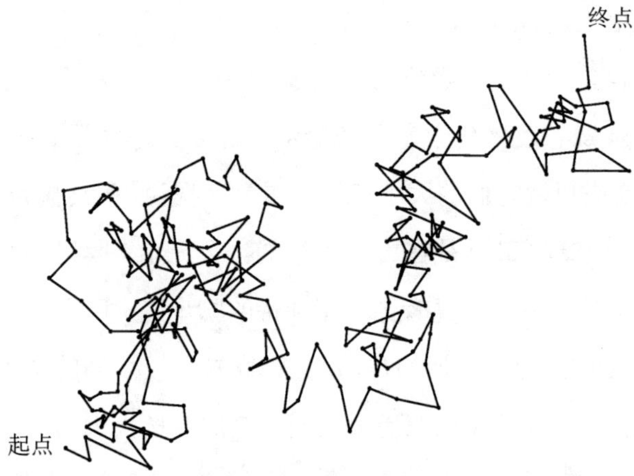

图3　布朗运动：花粉颗粒在水中的运动轨迹。当颗粒被分子推挤时，它会逐渐被推离初始位置，并进行“随机游走”

显的运动。空气中一个微米大小（10^{-6}米）的尘埃颗粒可以被看作一个超大的空气分子，它的一侧表面在任何时候都能受到大约1万次分子冲击。同样数量的分子会冲击另一侧，所以平均而言，尘埃颗粒上的合力为零。然而，冲击的数量受统计变化的影响。概率定律告诉我们，分子冲击的次数随数目本身的平方根波动。一个尘埃颗粒受到的冲击次数在9 900到10 100之间，使得它所受的力波动约1%，这就解释了布朗运动的“随机游走”。爱因斯坦的论文发表于他的奇迹年1905年，文中包含了有史以来对分子大小的首次估算。

众所周知，油和水不能混合。在水面上，油分子背对背并排排列，扩展成约两个分子厚的薄层。博学多才的本杰明·富兰克林很感兴趣的是，在“动荡的”水域泼洒油的效果，以及它被认为能让水域平静下来。1774年，他把一茶匙的油倒在伦敦克拉伯姆的一个池塘表面，油扩散成一片大的区域，他发现池塘的表面变得光滑如镜。英国物理学家瑞利勋爵之后利用了这种效果，用一个优雅且简单的实验来测量分子的大小。如果先在水中撒上少量的细粉，那么油覆盖的区域更容易被看到——当油扩散时，这些细粉会被推开。一滴体积为一立方毫米的油可以覆盖大约一平方米的面积。分子的大小（大约两纳米）就是液滴的体积除以薄膜的面积。因为一个油分子中大约有十二个原子，所以一个原子的大小约为1.7×10^{-10}米。

到目前为止，我们已经看到二千五百年前希腊原子主义者具有预见性的观点是如何被忽视了几个世纪，直到启蒙时代开始时才重新出现。到牛顿的时代，物质一词有三个内涵：所有的物质都是由原子构成的，原子占据空间，原子有质量。在道尔顿的时代，原子的概念变得更加牢固，他发现了化学反应中原子质量的简单比率。但是直到1905年爱因斯坦对布朗运动的解释，对原子假说的任何反对意见才最终被驳倒。

现在可以把单个原子成像了。在图4中，一种被称为扫描隧道显微镜（STM）的技术被用来成像位于石墨样品表面的单个碳原子。该方法依赖于电子在量子力学上的“隧穿”能力，即通过样品和细尖端金属探针之间间隙的能力。量子力学的隧穿效应将在第五章描述。

原子假说是如此的基础，以至于在1970年，它促使美国物理学家理查德·费曼在他著名的《物理学讲义》的第一卷中写道：

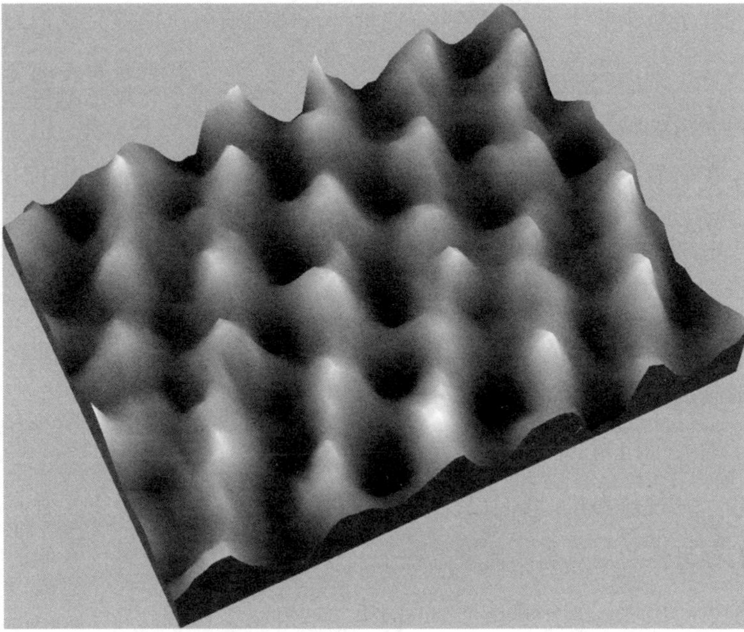

图4　石墨表面单个碳原子的电子云扫描隧道显微镜图像

> 如果在一场大灾难中，所有的科学知识都被毁灭了，只有一句话可以传给下一代，那么哪句话可以用最少的文字表达最多的信息呢？我相信它是原子假说（或原子事实，或任何你想叫它的东西）——所有的东西都是由原子组成的。原子是一种永无休止运动的小粒子，当它们相距不远时，它们会相互吸引，但当它们被挤压到一起时，它们就会相互排斥。

在第三章中，我将讲述原子之间的吸引力和排斥力是如何产生我们所熟悉的物质状态的。

第三章

物质的形式

水是地球上为数不多的以固体、液体和气体形式自然存在的常见物质之一。把它冷却下来，它就会变成像石头一样硬的冰。在土星的卫星——土卫六上，有着零下180℃的温度，更有3 000米高的冰山。在我们这个气候更为温和的星球上，水的正常状态是液体。当水壶里的水烧开时，就会产生一股看不见的气体——蒸汽。水壶里冒出的白雾含有微小的水滴，它们在空气中凝结并散射光线。在喷气柱上方放置一个冷表面，蒸汽就会凝结成水滴，向下流动并结合在一起。物质的这些不同的状态或阶段，是由于对立面之间的竞争而产生的：热运动驱使粒子分离，原子间的吸引力把它们拉到一起，即排斥力和吸引力。把电子束缚在原子上，使原子聚集在一起形成分子，并把分子聚集在一起形成固体和液体的“胶水”就是电。电的力量存在于化学、生物和生命本身的背后。物质可以流动的状态——液体和气体——被称为流体。固体、液体和气体是所谓的物质的主要状态。固体有形状和体积，液体有体积但没有形状，气体既没有形状也没有体积。液体和固体被称为物质的凝聚态。

物质最简单的状态是气体。在19世纪，詹姆斯·克拉克·麦克斯韦和路德维希·玻尔兹曼发展了气体动力学理论，在分子的统计微观世界和气体的宏观性质之间建立了联系。“理想”气体由大量的原子或分子组成，它们随机地四处飞行并相互碰撞，就好像它们是完全有弹性的迷你台球一样。在短暂的碰撞之间，它们以直线运动，这就是为什么气体会充满任何形状和大小的容器。在标准条件下，一升气体中有大量的分子（大约是10^{22}个），这个数目如此之大，以至于我们可以非常肯定地计算出它们的统计特性。当一个分子撞击容器壁时，会得到一个微小的冲力，然后反弹回来。分子受到大量的极小的击打，平均起来就产生了一种相当大的宏观力，这种压力对所有的容器壁具有同等的作用力。

尽管气体中有这么多的分子，但它们非常小，而且它们之间有很大的空间。气体的这种性质使它们可以压缩。如果你用强力冷却使空气液化，它会收缩到原体积的两千分之一。气体容器壁可以通过被挤压来压缩气体，就像自行车打气筒中的活塞一样。17世纪的英国科学家罗伯特·波义耳进行了气体实验，他优雅地将其描述为“触摸空气的弹簧”。波义耳发现，气体压力的增加与其体积成反比。如果把容器体积减半，分子就会被挤到一半的空间里，以两倍的强度撞击容器壁，所以压力也会加倍。

气体中的分子并非都以相同的速度运动。速度较慢的粒子获得动能，因为速度较快的粒子撞击它们的次数更多，而速度较快的粒子由于与速度较慢的粒子碰撞而失去能量的频率更高。

碰撞导致粒子速度的统计分布，称为麦克斯韦-玻尔兹曼分布，其中平均速度与气体的温度有关。在室温条件下，空气分子的平均速度约为每秒350米，大致相当于音速。声音通过空气的压缩波和稀疏波传播。温度和分子速度之间的联系意味着，必须有一个可能的最低温度，即绝对零度，在这个温度下运动停止。绝对零度是－273℃，即以开尔文测量的绝对温标上的零度（0 K）。

热和温度之间有一个重要的区别。有些物体温度高但含热量少；另一些则较冷，但含有大量热量。热量取决于温度和粒子的数量。即使相同的温度（100℃），两锅相同的开水所含的热量也是一锅的两倍。

热力学

工业革命的动力是蒸汽机。为了改进蒸汽机的性能，人们对热、功和能量之间的转换进行了深入的研究，所获得的知识发展成为热力学科学。能量有两种基本形式：运动的能量（或动能）和物体在力场中的位置所具有的能量（或势能）。在地球的引力场中，将1 000克的物体从1米的高度举起，其势能将增加约10焦耳。焦耳（J）是国际单位制的能量单位，对于宏观物体来说是一个方便的大小单位。烧开1 000克水大约需要40万焦耳，这足够把一个人举起500米的高度。

物体可以通过增加速度来获得动能。而当物体被带到建筑物顶部时，它会从地球的重力场中获得势能。如果物体现在下落，它的速度就会增加，将它的势能转化为动能。能量是一个有用的概念，因为能量守恒原理：在物体的整个运动过程中，势能和动能的总和是恒定的。当物体撞击地面时，它的能量转化为分子的随机运动，或称之为热。

热是能量的一种形式，这一事实意味着它必须包含在能量守恒定律中，这成为热力学第一定律。当一个物体（在热力学中称为“系统”）处于热力学平衡时，这个系统可以被认为处于一个密封的盒子中，没有热能可以从这个盒子中释放出来或被添加进去。热力学系统的能量是守恒的。

重要的是要区分有用的能量形式，比如可互换的动能或势能，以及已经退化到不能用来做功的能量。将能量分解成无用的形式很容易，但要逆转这一过程就困难得多。一辆行驶中的汽车的动能，即它所有部件的定向运动的能量，在刹车时，大部分将转换为热。汽车的有序运动现在变成了无序运动，即制动鼓中原子和分子的随机运动。要使汽车再次移动，热能不再有用。热的不可逆性质体现在热力学第二定律中。第一定律说我们不能不劳而获，第二定律说我们甚至不能收支平衡！能源质量，或它做有用工作的能力，与系统的无序程度有关，并由称为熵的热力学量来衡量。熵最初由鲁道夫·克劳修斯定义，玻尔兹曼将其置于统计分子的基础之上。粒子系统中无序的概念，在决定原子的不同排列方式如何产生物质的不同状态方面起着基本作用。

系统中的每个粒子都有一定的自由度，或者说是它能运动或吸收能量的独立方式。对处于平衡状态的气体来说，根据能量均分原理，总能量均匀地分布在粒子的所有自由度之间。一个简单的单原子气体，比如氖，有三个自由度，对应于三维空间。分子则有额外的自由度。例如，双原子H_2分子中的化学键就像一个弹簧，连接着两个可以振动或旋转的原子，这带来了额外的自由度。当单位质量物质在给定状态下其温度提高1℃时，它所吸收的热量称为比热。

固体和液体

当我们冷却一个气体容器时会发生什么？气体分子以更少的能量从容器壁反弹，并且气体的温度开始下降。分子移动得越慢，其独立性就越差，在原子间作用力使其减速的邻近区域，其花费的时间更多。原子间的作用力来自原子或分子在相当短的距离（几个原子直径）内的静电吸引，以及在非常近的距离内的排斥。想想两个原子之间的力。在很远的距离（比如超过十个原子直径），几乎没有力，因为每个原子中的正电荷和负电荷几乎完全抵消了。但当原子靠近彼此时，它们就会显露出颗粒的本质，并开始感受到彼此的内部结构，更接近彼此的某些原子电荷。一个原子的负电子云和另一个原子的正核相互吸引。然而，如果原子离得太近，它们的外层电子云就会重叠，而排斥力就会出现。

随着气体温度的下降，当气体凝结成液体时，无序的热运动和相互吸引的原子间力的平衡开始转向后者（图5）。分子现在足够接近，可以抵抗体积压缩，这就是为什么液体在很大程度上是不可压缩的，并且在液压系统中被用来通过管道传递力。在分子水平上，引力和斥力之间达到了平衡，这导致分子具有典型的

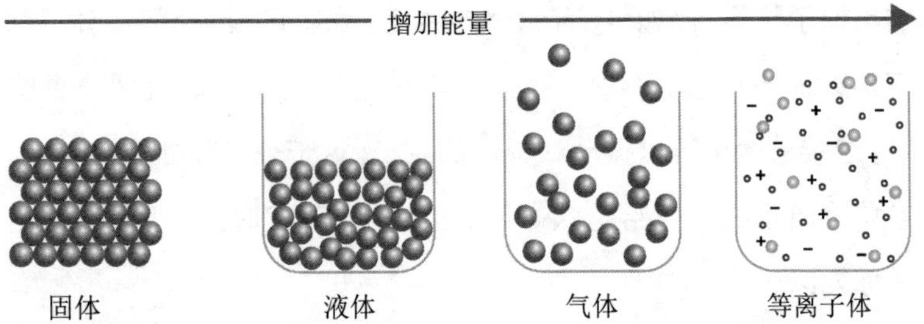

图 5　随着温度的增加，物质的状态从固体到液体、气体和等离子体的转变

3×10^{-10}米的平衡间距。液体的分子有足够的热能，使它们能够通过在周围滑动来与邻近的分子交换位置，从而赋予液体能够适应其容器形状的流体性质。

当液体进一步冷却时，热运动变得更加微弱。液体冻结成固体，所有的流动性消失了。分子继续微弱地振动，“锁定”在特定的位置，材料变得坚硬，并呈现出一定的形状，即每个分子在固体中都有一定的位置。晶体中的分子在规则的周期性三维晶格中占据特定的位置。

固体和液体之间最根本的区别在于，分子在长距离中维持其规则排列模式的程度。结晶固体的特征是存在长程有序，在长程有序中，分子排列的规则周期性延伸到许多晶格间距。另一方面，液体是各向同性的、均质的。它有气体的无序结构，但它的分子在内力的作用下聚集在一起，而不需要施加外部压力。这是可能的，因为存在一个临界温度，在这个温度之上，需要一些外部压力来帮助分子保持紧密，并抵抗热运动。当接近临界温度时，气相和液相合并，两者之间有平滑的过渡。液体具有气体的无序结构，但与气体不同的是，它能够在不需要外部容器的情况下保持稳定的体积。在经历相变时，分子系统必须打破它们的化学键，以新的方式重新组合。要做到这一点，必须提供一定量的能量，即潜热，这对粒子的动能没有贡献。当这些微观结构发生变化时，尽管增加或减少了热能，但材料的温度保持不变。

对称性

原子和分子在晶格上的规则排列揭示了物质的一个深层性质：对称性。我们非常熟悉对称性的概念，例如在二维中重复墙纸或瓷砖图案等几何图案中的对称性：还有那些完美的三维球体。一个球体可以旋转任意角度，绕无数个可能的轴旋转，或者被无数个通过其中心的平面反射，但它看起来仍然是一样的。

对称性操作定义为可以在不改变属性的对象上执行的动作。例如，一个晶格沿着它的一个晶格方向移动一整个晶格空间，它看起来是相同的。晶体有离散对称性，如平移对称性，也有一组旋转和反射对称性。然而，在无序的液相和气相中存在着无限个连续的对称性操作。处于这些相的物质可以以无数种方式平移、反射和旋转，但看起来仍然是一样的。当物质从高能量无序的气相或液相凝聚成固体晶体时，对称性的程度降低，产生所谓的破缺对称性。

对称性破缺的一个经典例子发生在磁体上。永磁体，如冰箱贴，是由一组微型磁体组成的。当内部的磁体排成一队并指向同一个方向时，它们的磁场叠加，就会产生一个强大的整体磁场，就像一个单磁体。这种构型的能量比内部的磁体指向任意方向的许多可能状态都要低。然而，如果把磁体加热，就会有一个临界温度，即居里温度，超过这个温度，所有的磁性都会消失。在这个温度之上，随机热运动变得如此强烈，以至于内部的磁体不再保持有序排列，而是指向所有可能的方向。这种高温状态是最大无序状态（或称为熵）之一，可以导致磁体失去磁性。然而，在冷却时，整个磁体会自发地“翻转”回低能级，内部的磁体再次指向一个特定的方向。最终的方向可能指向任何方向。然而，如果材料已经被一个弱的“初始”磁场穿过，比如地球的磁场，它们就可以有序排列。这种突然出现的磁性是自发对称性破缺的典型例子，标志着从高温高熵态到低温低熵态的转变。这一过程的能量变化如图6所示，它是一个球在完全对称的山顶上不稳定平衡的例子。当球滚下山谷时，它的势能降低，对称性被打破。

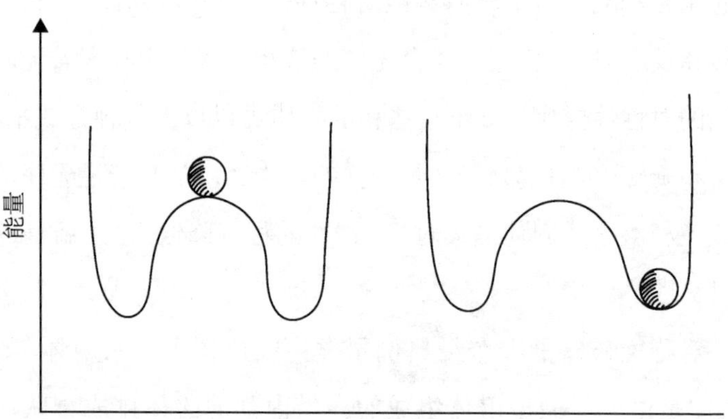

图6　不稳定对称性（左）和破缺对称性（右）

对称性是自然界最基本的法则。在自然界中发现的每一个连续对称性都与一个守恒或不变的量有关，正如埃米·诺特在1915年的一个著名定理中所证明的那样。空间和时间的性质告诉我们，自然界的规律在宇宙的任何地方都是一样的。例如，线性动量守恒定律与测量物体运动的坐标系原点的选择无关。空间具有一种被称为平动不变性的对称性。而且，物理定律在任何时候都是相同的这一事实，被证明等同于能量守恒定律。能量守恒并不取决于时钟设置的时间。空间也是各向同性的；角动量守恒定律并不取决于自旋物体的轴在空间中的位置。

结合在一起

原子间力都是电场力的不同表现形式；1785年，查尔斯·奥古斯丁·德·库仑发现了电场力的规律。两个带电物体之间的“库仑”力与它们的电荷乘积成正比，而且就像引力一样，库仑力是一种长程力，与它们距离的平方成反比。然而，电场力比重力强得多；两个电子之间的斥力比吸引它们的引力强10^{42}倍。考虑到这种巨大的差异，为什么人体尺度上我们主要体验的是重力而不是电场力？肉眼可见的物体是由大量的正电荷和负电荷组成的，这些正电荷和负电荷紧密地混合在一起，不同电荷的引力和相同电荷的斥力几乎完美地相互抵消。因此，物质几乎是电中性的。

偶尔，一小部分电荷可以通过摩擦从一个物体转移到另一个物体，造成不平衡。这就是静电，自古以来就为人所知，像扯下毛衣或梳理头发这样的动作会使火花跳跃或头发竖立。在公元前585年，泰利斯描述了一块琥珀（树脂化石），当它在皮毛上摩擦时，可以吸附起羽毛之类的轻物体。琥珀的希腊语单词是*elektron*，电的英文词就是由此而来。

第一个被确认的物质基本粒子是J.J.汤普森在1897年发现的，当时他通过放电从原子中分离出电子。他的仪器——“阴极射线管”——是一个真空玻璃管，有两个密封的电极。当高压施加在电极上时，电子流（“阴极射线”）从负极（阴极）以直线的方式投射，通过电子管移向正极（阳极）。每当“射线”击中玻璃，它就发出一种神秘的黄绿色荧光。通过引入带电荷的平板和磁体，阴极射线可以以一种系统的方式偏转，汤普森利用这些场来测量电子的电荷（e）和质量。他发现原子包含更小的粒子——电子，这终结了希腊时代原子不可分割的观念。

化学键

我们把原子想象成一个带正电的原子核，原子核周围环绕着一团飞来飞去的电子云。原子彼此因电子在原子核周围运动所产生的微弱作用力而相互吸引。这就是范德华力，它能导致化学惰性气体，比如氩气，在低温下液化和凝固。但是，为了理解原子与分子之间的化学键有多强，我们需要考虑更活泼的原子在电子云重叠时是如何相互作用的。图1中的元素周期表结构很有用。原子和分子单独或聚集在一起时寻求能量最低和最稳定的构型，这与电子的封闭或饱和的原子壳层相对应。原子闭合壳层中的八个电子，如氖和氩，形成一个球形的电荷球。所有八个电子占据同一壳层，并且都受到同样强的静电力。电子云是对称的、完整的，这使得惰性气体没有动机去与其他原子结合形成分子。

在沿着元素周期表从氖到钠移动一个位置时，会增加一个额外的电子，称为价电子，它必须进入一个新的外层原子壳层，使钠具有高度的活性。如果我们把氩回推一个位置，我们得到氯，它离一个充满的壳层只差一个电子，所以也有反应活性。当钠原子和氯原子聚集在一起时，它们的外层轨道重叠，使它们能够达成一个对双方都有利的交易。钠可以将其最外层易电离的价电子转移给氯，使其外壳层完整，整个结构成为一个稳定的普通盐分子（氯化钠或NaCl）。原子变成带电离子Na^+和Cl^-后，它们实现了如惰性气体元素那样的稳定的封闭壳层结构；离子通过离子键连接在一起。盐会形成一种立方离子晶体，它具有交替的正电荷和负电荷晶格。提供多余外层电子的电正性元素，比如钠，主要是金属。电负性或电子受体元素存在于含氧、硫、氯和氟的物质中。

氢是不同的。它在可以容纳两个电子的壳层（氦）中只存在一个电子，所以在形成离子化合物的过程中，它可以向H^+或H^-方向移动。氢可以接受来自锂的一个电子以生成锂氢化物，或者给出它的电子，以满足像氟或氧这样需要电子的元素。这些较弱的键被称为氢键，在许多有机分子和生物分子中很常见，例如在形成扭曲的双螺旋DNA分子的碱基对之间。

两个质子可以通过共用两个电子连接起来，形成中性氢分子H_2。这两个电子形成一个强共价键；成对电子的“双重性”来自被称为泡利不相容原理的量子规则（见第五章），它允许两个且只允许两个电子参与。共价键由此达到饱和状态，因为如果第三个氢原子接近共价键对，它将被排除，因此不能形成稳定的三原子分子。

多用途元素碳的外壳层有四个电子和四个空位。这种结构使碳能够与氧、氢和许多其他物质形成有机化合物，例如生命的生物分子。我们是“碳基生命形式”，并且我们的身体含有聚合物分子。聚合物是一种长链分子，其中有数千个原子或分子排列在一起，就像项链上的珠子，其他原子粘在两边，填满多余的化学键。许多有机聚合物都有这种链状形式，包括普通塑料，比如聚乙烯是一个碳原子长链，两侧有氢原子（图7）。

有些元素能以几种不同的物理形式存在，称为同素异形体。石墨、木炭和金刚石都是碳的同素异形体。钻石的极端硬度和耐久性来自它的四个强共价键的三维立方排列，这与它的其他同素异形体（如石墨）的性能形成了强烈的对比，后者只涉及三个共价键。石墨有层状结构，在坚硬的层之间有弱力，它很滑，可以用来在纸上写字；铅笔的“铅芯”实际上是石墨。也有其他的碳同素异形体，其中的一大类是富勒烯，它可以形成单原子厚度的

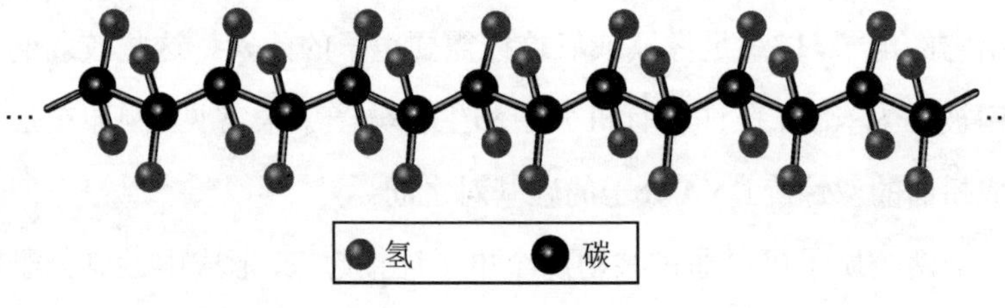

图7　聚合物（塑料）分子的链结构：聚乙烯

图8　石墨烯的原子尺度的“铁丝网”状结构，一层二维的碳，只有一个原子的厚度

碳纳米管，以及中空的60原子的巴克敏斯特富勒烯球体（“巴克球”）。碳不断地给我们带来惊喜，在2004年，一种新的碳元素石墨烯被提取出来，它具有显著的机械和电气性能。它是最薄的石墨层，一种单原子厚度的石墨层，排列成一个二维蜂窝晶格结构（图8）。

晶　体

宝石或雪花（图9）的美丽形式揭示了晶体中分子排列的对称性。当大量的粒子聚集在一起时，它们总是试图最小化它们的势能，这就把它们吸引到“密集”的构型中。三个原子的最低能量构型是一个三角形。如果在同一平面上添加更多的原子，它们就会形成紧凑的二维六角形图案，如图4所示的石墨表面。

这很容易通过用等大的滚珠轴承填充浅托盘来证明。在摇晃托盘时，它们会形成一个紧凑的六边形图案的层结构。一层新的原子可以加在上面，合适地嵌入下层原子的空洞中。有了四个原子，我们就有了三维空间构型，其中的最低能量构型是一个四面体。随着更多的原子附着在基质晶体上，它们会优先占据三角面，并逐渐长大，形成更大的六角形集团。原子和分子高效排

图9　六边形雪花之美。它看起来是对称的，但它的对称性不如它凝结之前的水蒸气

列的六方密堆积（HCP）晶体结构是许多晶体所共有的。

雪花的六角形结构反映了其分子的排列。在水分子中，两个氢原子与两个半空的电子云结合，电子云以直角的形式从氧原子中出现。氢原子将化学键轻轻撬开，形成105度的夹角，使分子的形状像一个字母“V”，氧原子在尖端。这种分子形状赋予水一系列独特的属性。当水分子形成冰时，它们的最低能量构型是一个中心有一个洞的六角形环。在结冰时固体会轻微膨胀，这就解释了水管破裂和岩石破裂的原因。略低的冰密度也解释了为什么冰山会漂浮（它们90%的质量在水面以下）。

中间态：玻璃和液晶

我们很容易认为物质可以简洁地分为固态、液态和气态。但大自然远比这复杂。材料有很多种不同形式，我将重点介绍两个例子：玻璃，一种既不是固体也不是液体，而是“冷冻液体”的形式，以及一种液晶，其性质介于液体和晶体之间。

当液体冷却形成结晶固体时，分子必须从其密集、无序的液相构型转变到长程有序和规则性的晶格构型。分子进行这些位置调整需要时间，而且，如果冷却速度过快，它们并不总能有足够的时间来转变成长程有序的晶体结构。这些分子实际上是由于失去了流动性而“意外地”被捕获，并在到达晶体位置之前就被卡住了。这是物质的玻璃状或玻璃态，在这种状态下，分子排布处在类似液体的无序状态，但材料具有固体的刚性。像玻璃这样没有明确的几何或晶体结构的固体被称为无定形固体，在它们的无序状态下，没有足够的能量让分子相互流动。玻璃是一种“冻结的液体”，既不是普通的固体也不是液体，而且处于高度黏性的亚稳态，这意味着经过很长一段时间，玻璃会逐渐趋于结晶。

当像氩这样的冷却单原子液体结冰时，原子会形成一个紧密排列的规则晶格。每个原子可以被想象成一个硬球体，这意味着当它进入其最低能量构型时，它在空间中没有择优方向。但是有一些特定的材料，叫作液晶，它包含高度各向异性的刚性棒状分子，它们的行为不同。想象一下，把桌上的一盒火柴倒空。火柴散开，最终可能会指向任意方向。如果把火柴放在一起，它们一定都朝着同一方向排列。

类似地，液晶相中的长分子在晶格中并不占据晶格上的规则位置，但它们都可以指向单一的方向。液晶具有液体的分子排布和位置特征，但它也具有所谓的取向有序。如果液晶被加热，棒状分子会回到标准液相，分子会随机指向各个方向。因此，液晶是介于液体和有序晶体之间的一种物质状态。这些材料是智能手机、电脑屏幕和电视中常见的液晶显示器（LCD）的基础。液晶可以通过施加电场来定向，很容易从无序状态转变为分子有序排列的状态，这种结构改变了材料透射光的方式。在液晶显示器中，这是通过对屏幕像素施加电压来实现的。

第四种状态

宇宙中99%以上的正常物质是等离子体，有时也被称为物质的第四种状态。等离子体（图5）是一种（不同于固液气的）新物质状态，它由温度过高的气体转变而来。为了理解等离子体与气体的区别，我们必须考虑组成气体的原子。当我们将气体加热到非常高的温度时，原子的速度会变得如此之快，以至于它们的碰撞击落了一些绕轨道运行的原子中的电子，这些电子现在可以自由地四处移动。失去电子的原子被电离，现在是带正电的离子。等离子体是一种高能气体，由两种混合的带电粒子组成：轻的负电子和重的正离子。

等离子体这个名字来自希腊语，意思是“模塑的东西”，是该学科的先驱欧文·朗缪尔在20世纪20年代命名的。两种众所周知的地球上自然产生的等离子体是闪电和极光——北极光或南极光。极光是由太阳发射的高能带电粒子撞击地球并电离气体产生的，这些气体在大气层中很高的位置发光。其他常见的等离子体包括蜡烛火焰、霓虹灯和钠灯。等离子体的工业和科学应用范围，从微电路制造到热核聚变能这种潜在的无限清洁能源的实现。在大气层外，我们被一个叫作磁层的层所包围，磁层是由太阳风与地球磁场相互作用形成的等离子体系统。太阳和所有的恒星都是由炽热的等离子体在引力作用下聚集在一起的球体，太阳风是一股从太阳表面吹走的等离子体湍流。等离子体也会在奇特的天体附近形成，比如黑洞。当物质落向黑洞时，它首先进入黑洞周围的旋转圆盘。气体的摩擦将其加热到非常高的温度，形成能发射X射线的等离子体。

等离子体也可以在原子被高能粒子（比如宇宙射线，或那些自然产生的放射性射线）电离时产生。在大多数气体中都有少量的自然电离。当电流通过气体时，等离子体也会形成。空气通常是良好的绝缘体。然而，如果对它施加一个非常强的电场，就像在雷暴中发生的那样，它可以“分解”并成为一个导体。在雷击中，自由电荷在与气体分子碰撞并撞击其带电组分之前被加速到很高的速度。这可以产生一串带电粒子，放大和聚集离子-电子对，形成等离子弧，并在气体中开辟出一条导电路径。

等离子体最显著的特性是它的导电性，这是由它所包含的移动电荷引起的。在等离子体中的电流会产生磁场，磁场产生的力使等离子体“夹紧”并形成狭窄的细丝。这种丝状结构已经在太阳表面的日珥和耀斑中被观察到。地球热核聚变反应堆中等离子体的电磁特性可以通过多种方式加以利用，既可以加热等离子体，也可以将其限制在环形的磁性“瓶”中（环面是环形甜甜圈的形状）。如果这种装置中的高温等离子体接触到材料壁，高能等离子体粒子的冲击将通过将原子踢出的方式来腐蚀材料壁。

等离子体的另一个独特属性是它表现出的集体行为。这方面的例子是波可以在没有任何粒子碰撞的情况下通过等离子体传播。在空气中，当分子碰撞时，正常的声波会传播出去，以压缩波和稀疏波的形式传递能量。在等离子体中有相等数量的正电荷和负电荷，这使其电中性达到非常高的精度水平。如果情况不是这样，那么即使是很小的电荷不平衡所产生的电力也会使电荷四处移动，直到获得电中性。等离子体可以支持一系列不同的波。例如，假设突然的扰动使电子聚集在等离子体的某个区域。由于离子的质量大且迟缓，无法快速反应以恢复不平衡，于是电场力会产生并将电子推回去。但电子的动量使它们超过了原来的位置，它们会保持这样，直到电场力把它们拉回来。然后它们再次超过原来的位置。这个循环不断重复，产生一种扰动，通过等离子体以朗缪尔波的形式传播。太阳大气层的最外层日冕，是非常热的等离子体，可以传播朗缪尔波。等离子体拥有多种其他的振荡模式，包括在电磁力中移动的带电粒子的集体运动。

在这一章中，我们看到了原子聚集时起作用的力。其中心思想是，原子的聚集会趋向于降到它们所能达到的最低能态。原子间的电场力会吸引原子和分子聚集在一起形成团块，而热运动的分散效应会与电场力竞争。在气体中，热运动占上风，在固体中，原子间力占上风。一系列的中间状态也可能存在，例如玻璃这种“冷冻液体”，以及有分子的定向特性的液晶。宇宙中大多数正常物质都处于物质的第四种状态，即高能等离子体，其中的粒子能量是如此之高，以至于电子从原子中被敲掉，物质以一种由离子和电子组成的紧密混合气体的形式存在。

在第四章中，我们将离开牛顿的世界，接着看看我们对物质的理解是如何被电磁学和相对论的伟大发现完全改变的。

第四章

能量、质量和光

20世纪初，物理学因相对论和量子力学的两场伟大革命而发生了翻天覆地的变化。这些永远地改变了我们对物质的理解。在这一章中，我将概述爱因斯坦1905年的狭义相对论，它描述了当物体以接近光速的速度运动时会发生什么。这个理论通过质量和能量的等价性改变了我们对空间、时间和物质本质的理解。1916年，爱因斯坦扩展了他的理论，在广义相对论中描述了引力相互作用，揭示了物质对时空的影响是造成时空弯曲。

为了正确地看待事物，我们首先应该了解经典的牛顿绘景。到1700年，牛顿建立了运动定律和万有引力理论。如果速度不是太高，质量不是太大，牛顿定律为我们理解世界提供了一个很好的框架，例如，使我们能够把人类送上月球。牛顿的宇宙建立在两个假设之上。首先是绝对时间的概念。他的定律似乎包含了这样一个概念：有一个宇宙时钟在嘀嗒作响，宇宙中的每一个人，无论他们在哪里，都会采用这个时间。第二个是绝对和不可变空间的概念。

牛顿意识到，除了重力之外，自然界中还有其他的力，例如电场力。电荷在很远的距离上相互吸引或排斥，磁体也具有这种长程的特性。当你的手中拿着一对磁体，你可以感觉到同性极的排斥和异性极的吸引。不难想象，磁体被包围在某种看不见的“力场”中。电和磁是紧密相连的，丹麦物理学家汉斯·克里斯蒂安·奥斯特在1820年发现了这一事实，当时他观察到指南针的磁针被附近携带电流的导线干扰。安德烈-玛丽·安培继续确定了载流导线之间的受力定律。

19世纪30年代，随着迈克尔·法拉第对线圈、电池和电路的实验，我们对电和磁之间联系的理解取得了巨大飞跃。法拉第发现一个变化的磁场会产生电力，这种效应被称为感应，它是所有实用发电机的基础。法拉第的实验让他有了一个绝妙的发现。法拉第在他的脑海中“看到”的是电磁场，一种在真空中扩散的无形的张力或压力。电场通过产生作用于附近易感物体的力来被感觉到它的存在。法拉第想象带电或磁性物体会从它们的表面产生一束力场线（图10）。这些线把它们的力量传递给物体，就好像是由看不见的电缆连接在一起，推着或拉着它们。当铁屑分散放置在条形磁铁上的卡片上时，这些线条就可以呈现出来。一个铁颗粒本身就像一块小磁铁，在磁场中排列，就像指南针与地球的磁针对齐一样。

法拉第精彩的实验表明，力场线在空间中以弯曲的路径在物体之间扩散。这个想法与牛顿设想的重力是直接沿着连接它们的线在两个分开的质点之间瞬间传递不同。虽然牛顿的理论在解释行星运动方面取得了巨大的成功，但瞬时“远距离运动”的概念似乎与我们日常生活中熟悉的大多数过程都不相符。

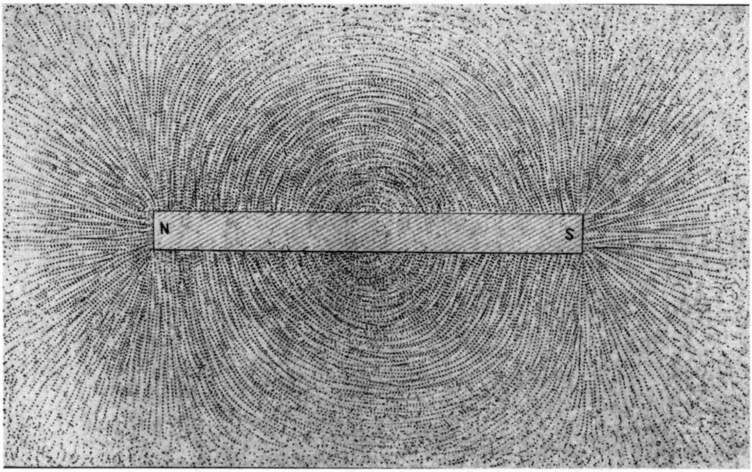

图10　迈克尔·法拉第的磁力线草图，由散落在条形磁铁上的铁屑揭示

在一个物理场中，空间中的每一点都可以用代表场强的数字来标记，场强随点的不同而不同。例如，在天气图上，温度或气压是用普通数字网格表示的。像这样的映射表示所谓的标量场，其中场的数量由与空间中每个点相关联的数字表示。还有更复杂的矢量场，比如风速图，每个点都需要两个数字，代表速度和方向。天气图上用箭头表示风速（箭头的长度）和罗盘方位（方向）。

1864年，詹姆斯·克拉克·麦克斯韦将法拉第关于磁场的观点建立在数学基础上，他的一组著名方程描述了电场和磁场，并将它们统一为一个实体：电磁场。麦克斯韦用矢量场来描述电磁力的大小和方向在空间和时间上的变化。他还意识到，场向空旷的空间扩散，与任何物质都没有联系。他的方程表明，场以光速传播，他猜测光是一种电磁波。

电磁波是什么？想象一个电子和它延伸出来的附加的电场线被快速地来回摇晃。电场发生了什么变化？靠近电子时，电磁场迅速调整以适应它不断变化的位置。但是，关于电子不断变化位置的信息要到达更远的点需要更长的时间。信息在空间中传播，就像一桶桶水以“水桶传递对”的方式从一个人传递到另一个人：一桶水要经过一排人的手，是需要时间的。麦克斯韦方程预测，当一个电子受到震动时，振荡电场会产生一个互补的振荡磁场，这个互补磁场又产生一个振荡电场，依此类推。这两个相互连接的磁场作为一个单一的波动实体，通过真空向外移动，它们携带着能量。这个方程包含两个很容易测量的物理常数，当麦克斯韦把它们放进他的理论中时，他发现这预测了波在真空中以一个固定的速度传播，即光速c。事实上，光是一种电磁波。麦克斯韦的理论是19世纪最重要的科学发现；最伟大的成就是，麦克斯韦一下子统一了物理学的三个分支：电学、磁学和光学。

除此之外。麦克斯韦方程还预言，场振动的波长范围应该比可见光宽得多。我们的眼睛已经进化到能感知太阳光中波长的窄带。然而，在光谱的红色端以外还有较长的波长，在蓝色端之外还有较短的波长，但是我们无法看到。存在一个庞大的电磁波谱，从波长较短的伽马射线（相当于一个质子的直径）到波长为几千千米长的无线电波。麦克斯韦关于光的电学性质的预言，不久就被海因里希·赫兹关于无线电波产生和探测的精彩实验所证实。

速度极限

虽然麦克斯韦的理论取得了巨大的成功，但它与牛顿的思想以某种微妙的方式发生了冲突。这是一个思想实验。首先是牛顿的观点。假设你正以每小时70千米的速度乘坐公共汽车，并以每小时10千米的速度向前扔一个球。从你在汽车内的角度来看，球以每小时10千米的速度运动。但如果路边的观察者测量球的速度，他们会发现它是每小时80千米（70 + 10）。在牛顿的世界里，速度的概念只有当它是相对于另一个速度测量时才有意义。当你向一个物体移动时，速度增加，当你远离它时，速度减少；牛顿速度是相对的。

接下来想想当公共汽车司机打开前灯时会发生什么。如果你测量公共汽车上的光速，你会发现它是c。我们的路边观察者会发现什么？他们不会测量它为$70 + c$，但仍然测量光速为c，和你测量的一样。这就提出了一个问题：光是否有一个相对的运动速度？

解决速度增加问题的一种方法是以太的存在，以太是一种人为假定的承载光传播的全覆盖介质，但它不与物质发生相互作用。所有的公共波都需要一个媒介来传播：例如声波通过空气传播，涟漪在水面上移动。当我们仰望星空时，它们的光在真空的太空中传播了很远的距离。如果以太存在，那么光速应该取决于地球在以太中的运动。声波在顺风方向的传播速度比在逆风方向的传播速度快，这一事实促使阿尔伯特·迈克尔逊和爱德华·莫雷进行了一项著名的实验，他们试图在实验中测量光沿着和穿过地球绕太阳运行路径的速度。实验总是得到相同的答案：c是一个常数。用来检测光速与观察者运动之间依赖关系的实验都失败了。

为了解释以太的不存在，荷兰物理学家亨德里克·洛伦兹研究了麦克斯韦方程组，特别是当它们在不同的惯性系中表示时的变化方式。惯性系是一个坐标网格，它相对于其他惯性系以匀速沿直线运动。洛伦兹发现，这些方程式在不同的坐标系中呈现出不同的形式，这意味着光速在从一个到另一个的过程中会发生变化，这一预测显然与持否定态度的迈克尔逊-莫雷实验相矛盾。洛伦兹定义了一个数学变换（洛伦兹变换），使麦克斯韦方程在不同的惯性系中具有相同的形式。

这就是爱因斯坦，一个二十六岁的伯尔尼专利局职员，在1905年用铁一般的逻辑解决的问题。爱因斯坦把洛伦兹变换解释为一种表达不同惯性系中观察者的时空彼此间联系的深刻规律。他的狭义相对论是由两个观点支撑的，即物理定律应该是相同的，以及对于处于不同惯性系的观察者来说，真空中的光速总是相同的。爱因斯坦以他的思想实验而闻名，在构建他的狭义相对论时，他提出了一个问题：如果他能骑在一束光上，世界会是什么样子；他将无法在镜子中看到自己的形象，因为光永远不会离开他的脸。

如果光速对所有惯性观察者来说都是相同的，那么我们对空间和时间的概念就必须调整和融合以顾及它。爱因斯坦用一个单一的合并实体——四维时空（三维空间维度加上时间）的结构取代了牛顿的绝对空间和绝对时间的概念，其中空间和时间变得有弹性，并因不同的观察者而改变。例如，如果有一把尺子以极快的速度从你身边经过，你会看到尺子沿着运动方向缩短了，这被称为洛伦兹-菲茨杰拉德收缩。此外，如果有一个时钟以高速匀速地从你身边经过，你会看到它缓慢地运行，这叫作时间膨胀。时间膨胀在实验室实验中得到了很好的检验，它是所有物体以光速在时空中运动的结果。[①]狭义相对论实际上完善了麦克斯韦的理论。爱因斯坦说麦克斯韦是他的前辈中唯一能与牛顿相提并论的人。

但是，狭义相对论最深远的预言来自考虑物体在高速运动时牛顿的运动定律如何必须被修改。光速是自然界的速度极限，没有任何物质的运动速度能超过光速。牛顿第二定律告诉我们，物体的速度如何随着力的变化而变化，力就是动量的变化率。所以，如果一个恒定的力作用在一个物体上，它可以达到的速度将没有极限，甚至超过光速，这将违反相对论。因此，牛顿关于粒子动量的公式必须进行修改，通过一个相对论性的变换，产生了物理学中最著名的等式——质能方程：

$$E = mc^2$$

这个方程告诉我们，质量m和能量E其实是一样的；它们只是用

① 有质量物体无法被加速到光速，作者的意思应是任何以近光速运行的物体都会有钟慢效应。——译注

不同的单位来测量（c^2因子只是将质量单位转换为能量单位）。如果一个物体运动得非常快，它就会携带大量的能量，但它所能携带的能量是有限的。即使物体是静止的，它也有一个“潜在”的能量，被称为静止质量能，这就是方程中m的真正含义。这与牛顿力学不同：牛顿力学中，静止粒子的动能为零，而不是有限量。静止质量能对于物质来说是巨大的，因为转换因子c^2是如此之大，即使是很小的质量也包含着巨大的能量。相当于一克物质（一张名片的重量）的能量是2 500万千瓦时，足以为一座大城市供暖和照明一天。为什么我们不注意日常生活中普通物质的能量含量？如果没有任何东西向外部散发出来，它就无法被观测到。爱因斯坦让我们想象一个非常富有但吝啬的人。如果他从不花一分钱，我们怎么知道他非常富有？

作为质能的物质

爱因斯坦这一著名的结论，是在他1905年发表的四篇“奇迹年论文”中的一篇宣布的。题目是《物体的惯性是否取决于它的能量含量》，在这篇论文中，他把质量放在方程的左边：

$$m = E/c^2$$

虽然它在数学上与更知名的形式相同，但用这种方式，这个公式通过定义质量的能量单位回答了论文标题中的问题。例如，电子的静止质量为0.511 MeV/c^2，质子的静止质量为938.25 MeV/c^2（能量的电子伏单位eV的定义见第五章）。

向物质中加入一些能量以增加它的质量是很容易的，例如给它加热。如果你煮沸一壶冷水，相对质量的增加是很小的（大约 5×10^{-13} 千克）。即使在释放能量的化学反应中，如燃烧燃料，同样只有微不足道的一小部分（十亿分之一）质量被释放为能量。因此，对于化学过程来说，拉瓦锡质量守恒定律是一个很好的近似。但在核反应中则会释放出更多的能量，爱因斯坦方程被视为科学界最令人敬畏的方程，因为它是核能的基础。

我们之所以存在，是因为发生在太阳深处的核聚变反应。那里的温度高到足以使四个质子融合在一起产生一个阿尔法粒子（氦原子的原子核），该粒子的静止质量为3 727.3 MeV/c^2。在形成阿尔法粒子的过程中，质子损失了大量（0.7%）质量，而这26.7 MeV的损失变成了热能。阿尔法粒子的重量比其各部分之和缺少了近1%。

宇宙中最壮观的事件，例如黑洞合并，甚至会释放出更高的由静止质量转化而来的能量。从2015年首次观测到的引力辐射信号开始，现在已经观测到几个双黑洞的合并。这些合并可能涉及质量为几十个太阳质量的黑洞（一个太阳质量就是太阳的总质量）。合并的最后阶段在零点几秒内发生，并在时空结构中造成剧烈的破裂，相当于几个太阳质量的能量被转化为引力波能量。还有一个涉及反物质的更极端的过程，我们将在第六章中看到。当物质遇到反物质时，它会被完全湮灭。所有的静止质量能都以100%的效率转化为辐射；在科幻小说中，这一过程被想象为企业号星舰的推进系统。

弯曲的时空

牛顿关于行星运动规律的伟大发现，隐藏了一个关于质量本质的深刻而微妙的显著事实。牛顿将他的第二运动定律（力 = 质量 × 加速度）和万有引力定律（两个质量之间的力正比于一个质量乘以另一个质量）结合在一起，计算出了行星的轨道。但这里有两种不同类型的质量。在运动定律中出现的质量与物体对其运动变化的阻力有关，即它的惯性。这是它的惯性质量，与重量无关。无论物体是在地球表面还是在远离任何行星的深空，其惯性质量都是相同的。但在万有引力定律中出现的质量是与重力和重量有关的。质量较大的物体受重力作用比其他质量物体的吸引力更大。在这种情况下，质量被称为引力质量，可以被认为是类似于引力"荷"的某种东西。

牛顿的行星运动公式中隐含着的惯性质量和引力质量是一样的，这是一个绝不显而易见的假设。爱因斯坦将这两种质量的相等性提升为一种原理，即等效原理，并以这一原理作为他1915年广义相对论的基础。这是科学的伟大成就之一。在这一点上，他认识到了伽利略著名实验的重要性。伽利略做过一个轻球和一个重球下落的实验，观察到这两个球在地球引力作用下以相同的加速度下落。但想象一下重复同样的实验，这次是在太空中的火箭飞船里，远离任何引力物质。如果飞船启动引擎并开始加速，掉落中的物体就会加速向地板坠落。我们可以想象这些物体一开始只是漂浮在空中，当火箭发射时，飞船中的地面会以越来越快的速度靠近它们。对于飞船上的观察者来说，这种运动模拟了重力加速度。因此，观测者无法判断飞船是否正在加速，或者是否在飞船的后面突然出现了一个巨大的引力质量。

爱因斯坦花了十年时间，才把重力和加速度的影响纳入更复杂和数学要求更高的一般理论中。为了做到这一点，他不得不放弃用常规的欧几里得几何来描述时空的概念，而在引力质量存在的情况下，必须以曲面的几何为基础。时空是弯曲的，这意味着什么？在平坦的欧几里得空间的平面几何中，三角形的内角之和是180度。但如果你在地球表面画一个大三角形，你会发现这些角加起来并不等于180度，因为地球的曲率。如果你想象在空间中画一个三角形，在一个有引力场的物体附近，空间的几何本身是弯曲的，在这里你会再次发现三角形的内角之和不等于180度。[①]

等效原理导致了对重力的深刻理解，重力是空间和时间几何学的表现形式。在引力场中，质量不同的物体都以相同的速度加速，因而遵循相同的路径，这揭示了一个深刻的事实：这些物体遵循的路径本身就是时空的固有特征。物质使其周围的空间弯曲。想象一个橡胶薄片，中间有一个像地球这样质能巨大的物体，在它上面留下一个“凹痕”（图11），这代表了一个大质量物体周围的空间曲率。月球可以感受到空间曲率，并绕着地球运行，就像一个在碗里滚动的大理石。牛顿引力的概念被时空曲率所取代。

---

① 这是一个错误的想象，内角和是否变化取决于我们怎么“画”这个三角。——译注

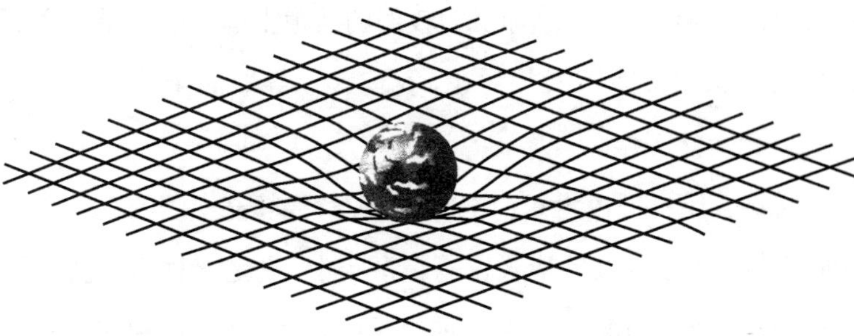

图11 围绕着地球这个巨大物体的空间曲率

质量周围的空间曲率不仅影响质量的运动，而且还使光偏转。1919年，亚瑟·爱丁顿在一次日全食中对爱因斯坦的理论进行了一次关键性的检验。在太阳边缘附近观察到的恒星的表观位置，被发现从它们在天空中的正常位置发生了偏移，其偏移量正好与爱因斯坦理论预测的偏移量相同。

广义相对论是用来描述有极端引力效应的物质附近所发生情况的正确理论。光弯曲的极限出现在黑洞的极强引力场中，黑洞是我们所知道的最致密的物质形式。太阳的直径为140万千米，如果太阳中所有的物质被压缩成一个只有3 000米直径的物体，其表面的引力场将如此巨大，以至于时空将自己包裹在这个物体周围，从而形成一个黑洞。光在表面会被强烈地弯曲，以至于完全被困住，就像任何落入其中的物质一样。我们可以放心，其他过程将阻止太阳坍缩成黑洞，但这个例子表明，物理条件将是多么极端，以及引力相互作用强度之小。时空在黑洞周围被严重扭曲，以至于时间本身似乎被冻结在了黑洞表面。引力对时钟显示时间的影响，对在地球引力较弱的轨道上运行的卫星来说更为重要。如果没有广义相对论，我们赖以导航的全球定位系统（GPS）就无法工作。

总结一下：在19世纪，电磁力被理解为填充空间的电场和磁场耦合在一起，以波的形式振荡。事实上，光是一种电磁波。爱因斯坦建立狭义相对论的两个前提是：光速对所有的观察者来说是一样的，物理定律对惯性系的观察者来说是一样的。由此，他推导出空间和时间合并成一个单一的结构——时空，在这个结构中，当空间和时间被不同的观察者看到时会发生扭曲。牛顿的力学定律也需要修改，它揭示了物质的一个最重要属性，即质量与能量是等价的。当爱因斯坦把加速运动和重力作为他的广义相对论的基础时，发现加速度和重力是等价的。时空的几何形状是由空间中质能的分布决定的。物理学家约翰·惠勒简明扼要地指出，物质弯曲空间，空间决定物质如何运动。

爱因斯坦的广义相对论彻底改变了物理学。在第五章中，我将介绍非常微小的物质粒子世界和20世纪物理学的第二次伟大革命：量子力学。

第五章

原子的量子世界

到19世纪末，描述宏观物质的物理定律基本上已经建立。例如牛顿的运动定律和万有引力定律，可以预测从台球碰撞到行星运动的各种现象。除此之外，还有热力学定律、玻尔兹曼统计力学，以及统一了电、磁、光的麦克斯韦定律。但是，对人们来说，原子和分子的内部构造仍然是个谜题。还有一些悬而未决的难题，例如从恒星发出的光线中所看到的尖锐原子谱线的起源。这些谱线的波长与实验测得的化学元素发出的波长非常吻合。本章描述了具有革命性的量子力学理论是如何诞生的。

在19世纪的最后十年里，一些与原子结构相关的重要现象逐渐被发现，包括穿透性极强的X射线（由威廉·伦琴发现）和元素的天然放射性现象（由亨利·贝克勒尔发现）。放射性原子，比如铀，可以自发地解体，并以极高的速度发射出不同类型的电离辐射或粒子，它可以放射出一种高能电磁辐射——伽马射线，也可以放射出非常稳定的实体粒子——带正电的阿尔法粒子和高速电子（贝塔粒子）。欧内斯特·卢瑟福证明，阿尔法粒子是以每秒1万千米（大约是音速的3万倍）的速度喷射出来的氦核。

物质的核心

为了研究原子内部结构，卢瑟福提出了一个想法——使用重阿尔法粒子作为“子弹”轰击原子。1912年，他与欧内斯特·马斯登和汉斯·盖格一起，做了用阿尔法粒子轰击金箔的实验（图12）。实验现象显示，绝大多数快速运动的阿尔法粒子推开轻电子，径直穿过金箔，少数阿尔法粒子会以小角度散射，极少的阿尔法粒子会以大角度偏转，有的甚至几乎达到180度而被反弹回来。用卢瑟福自己的话来说：“就像你向一张纸巾发射了一枚15英寸的炮弹，然后它反弹回来击中了你。”实验表明，在原子的中心有一个微小的带正电的重核。少数情况下，一个阿尔法粒子会径直地撞上金原子核，因受到它强大的静电斥力而反弹。氢原子的原子核是由一个质子构成的，它的直径为10^{-15}米，比原子本身

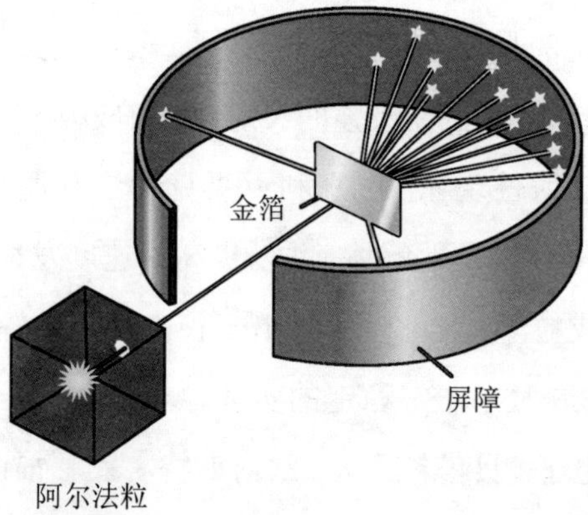

图12　卢瑟福从阿尔法粒子散射实验中发现了原子核

小约10万倍。原子大部分是空的，假如将一个氢原子放大到体育场的大小，它的原子核将和豌豆差不多大。

原子核体积小，质量大，带正电，但它是由什么组成的呢？一百年前，道尔顿的化学实验揭示了以氢原子质量为单位的元素原子量有简单的数值比。有人猜测，原子核是由质子构成的，即氢原子核。1919年，卢瑟福再次使用阿尔法粒子将质子从氮原子中打出，从而证实了这个观点。

原子核含有质子这一发现引发了更深层次的问题——在元素周期表中，元素的原子量增加得比原子序数快得多。例如，氢的原子序数和原子量都是1，氦（原子序数2）的原子量是氢的4倍，而第92种元素铀的原子量大约是氢的238倍。卢瑟福猜测，除了质子之外，还必须存在其他重粒子，这样才能弥补原子核中电荷和质量之间的差距。因为这些重粒子不带电荷，卢瑟福便称它们为中子。1932年，詹姆斯·查德威克在阿尔法粒子轰击铍的实验中发现了中子。中子比质子重千分之一，但除了中子的电中性性质外，这两种物质是相似的。原子核中的质子和中子称为核子（图13），质子数相同的元素具有相同的化学性质，但它们的中子数可能不同，这使它们构成该元素的同位素。例如，氦-4有两个质子和两个中子，而氦-3有两个质子和一个中子。

原子核是如何结合在一起的？在原子核微小的体积内塞满了约100个质子的情况下，核内的静电斥力是非常巨大的。原子核之所以能克服静电斥力结合在一起，是因为有一种与众不同的、强大的核力。这种强大的力比静电斥力大得多，作用范围很

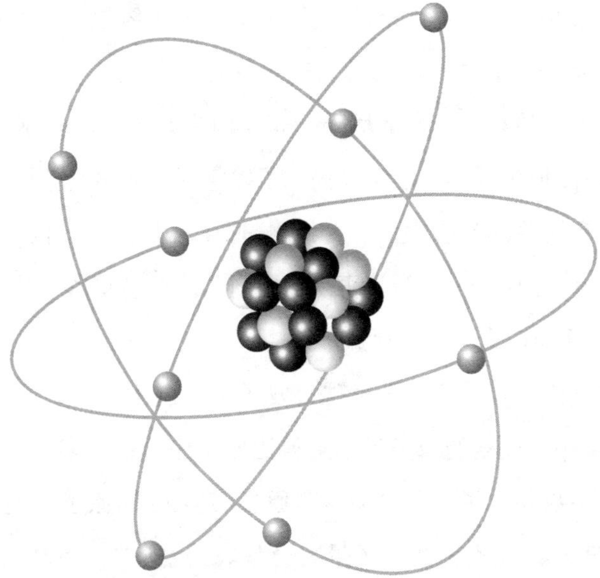

图13　原子示意图显示，中子和质子聚集在一起构成原子核，周围环绕着轨道电子（注：原子核的图像相对于电子轨道放大了10万倍以上；如果原子核和电子轨道按比例缩放，原子核将是不可见的）

短，约为10^{-15}米。我们可以通过比较它与电子和原子之间的相互作用力来了解这个力有多强。在物质的微观尺度上，通常使用的能量单位是电子伏特（eV）（1焦耳约等于6.25×10^{18}电子伏特）。如果将一个电子放在五号电池的正极，若要将它移到负极，需要克服1.5 eV的电势能。要从原子中移走一个电子，大约需要15 eV的能量，相当于10节五号电池。但是，从原子核中移走一个质子，需要大约10兆eV的能量，相当于700万节五号电池。如果你能将一把结实的镊子伸进一个原子核，并从中取出一个中子，这样做所需的力相当于提起一个沉重的箱子。

原子量子化

原子核的发现带给了人们一个新的物理图像，如图13所示，原子好似一个微型太阳系，原子核像太阳一样位于中心，电子像行星一样围绕着它运转。然而，人们很快意识到，如果电子的行为真的像经典世界的行星一样，原子将迅速辐射出所有的能量，并在正负电荷之间的吸引力下湮灭。那么，原子的稳定性来自哪里呢？

1900年，在物体热辐射研究领域，人们提出了理解原子稳定性所需的关键概念。在研究热辐射时，德国物理学家马克斯·普朗克提出了激进的假设：辐射能量必须是量子化的。普朗克提出了“量子”的概念，即电磁场的能量是一份一份的，而不是像麦克斯韦理论所预测的那样可以连续变化。普朗克认为，量子的能量与辐射的频率成正比，例如，一个高频蓝光量子所携带的能量大约是红光量子的两倍。比例常数h是自然界的基本常数，称为普朗克常数，它的单位与旋转物体的动量或角动量相同。普朗克常数是一个非常小的数字，它定义了自然界中的最低能量元。

在普朗克提出革命性的假设后不久，爱因斯坦扩展了能量量子化的概念，证明了在空间中传播的光是由粒子组成的，这些粒子被称为光子，携带着一份一份的能量。这一理论解释了广为人知的光电效应，在这种现象中，利用高频紫外光照射锌等金属，可以使其表面发射出电子。若想使一个电子脱离金属，必须向它提供逸出金属表面所需的最低能量，而对于这一点，光子的频率是至关重要的。如果光的频率低于所需的最低能量临界值，则无论光的强度如何，金属都不会发射电子。

丹麦物理学家尼尔斯·玻尔将能量量子化的思想应用于原子的电子结构。他从理论上推测，围绕原子核做轨道运动的电子，只能占据角动量为整数值（1，2，3，...）的离散轨道，以$h/2\pi$为单位。整数值被称为主量子数。处于不同轨道的电子能量不同，这些能量形成了一个离散的阶梯状能级，梯级的间距不同（图14）。原子中的量子规则为，原子中的电子只能位于阶梯的能级上，而

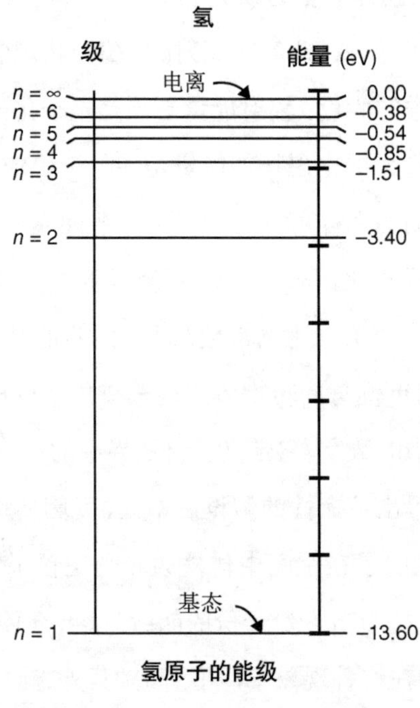

图14　用一系列水平线表示的氢原子的量子能级阶梯。由于这些能量代表着将电子从给定能级移到无穷远所需的能量，因此它们的数值为负数，主量子数用n表示

不能位于能级之间，它可以通过吸收与两个能级的能量差相同的一个能量子以跳到更高的能级（一种激发态），或者通过发射具有特定能量和频率的光子降到较低的能级。能级上最低的一级被称为基态，并且由于基态的能量低于所有能态，所以可以防止电子进入原子核中，这一特性保证了原子的稳定。除了解释原子的稳定性外，玻尔的模型还解决了困扰科学家已久的原子光谱中尖锐原子谱线起源的问题。当他利用该理论成功预测了氢原子谱线的观测波长时，他的原子模型便立刻被誉为一项重大胜利。

粒子与波

自然界对物质施加严格的量子规则，原子中电子的能量不能是任意的，它们被限制在离散的量子能级上。这种奇怪的行为有什么意义呢？意义在于，这使我们认识到微观粒子具有类波的特征。所有类型的波都有一定的基本特征，如波长（连续波峰之间的距离）和振幅（波的高度）。微观粒子可以像行波一样在空间中自由传播，也可以像驻波一样保持静止，吉他弦的振动就是一种驻波。原子中的电子表现得像驻波。

波的典型属性是干涉。如果你同时把两块石头扔进一个静止的池塘，那么每一块石头形成的圆形水波就会扩散开来并交叉。在波相遇的地方，一个波与另一个波相加（称为线性叠加）。在两个波峰相遇的地方，它们会形成一个两倍高的波峰（相长干涉）；当两个波谷相遇时，形成一个两倍深的波谷。如果波峰和波谷相遇，它们会相互抵消，使水面保持水平（相消干涉）。1801

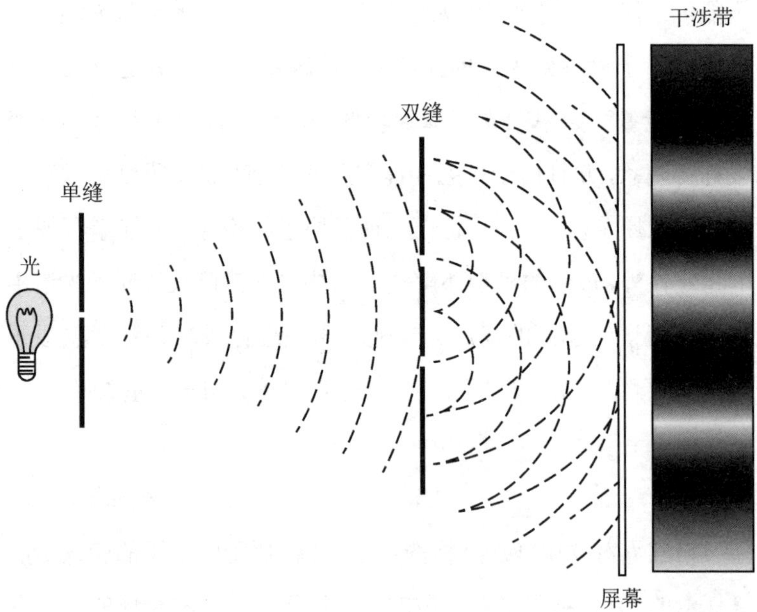

图15　托马斯·杨的双缝实验证明了明暗相间的干涉带或条纹是由狭缝中露出的波的相长干涉和相消干涉产生的

年，托马斯·杨进行了著名的双缝实验（图15），该实验决定性地验证了光的波动性质。当光线照射挡板上一对间距很近的平行狭缝时，光波向远处传播，由于相长干涉和相消干涉，远方的接收屏上便产生了明暗相间的干涉带。

在爱因斯坦用光子解释了光电效应之后，人们对光有了新的认识，即光既有粒子的性质，也有波的性质。波粒二象性过去是（现在仍然是）一个我们难以理解的概念，但是光的粒子性质和杨氏双缝干涉图样都是确实存在的。1924年，一位年轻的法国贵族路易·德布罗意王子产生了一个想法：如果光具有波和粒子的双重性质，那么最小的实物粒子是不是也具有波动性呢？德布罗意定义了实物粒子的波长为λ_{dB}，动量为mv（质量×速度），它们的关系为：

$$\lambda_{dB}=\frac{h}{mv}$$

在分子中，实物粒子的波动效应是否显著与其尺寸大小有关，由普朗克常数决定。上式的分母项为粒子的动量，也就是说，实物粒子的质量越大、速度越高，它的德布罗意波长λ_{dB}就越小。这意味着，在宏观尺度上，像台球这么大的物体，其德布罗意波长小到难以察觉。但在原子尺度上，物质的波动性质就十分显著。

德布罗意猜测，自由运动的实物粒子的物质波为平面波。但是，当审视驻波形式的物质波时，人们开始深入思考玻尔的电子轨道该如何被量子化。我们可以想象，若想把一个电子的物质波绕原子核弯曲成一个圆，并使它的两端平滑地连接起来，只有特定的方法才可以实现这一点。实现这一想法的数学条件是，轨道的周长必须为波长数的整数倍。如果波长或周长稍微偏离这个条件，电子波就不会平滑地会合，并且会迅速与自身不同步并抵消。这就是为什么电子不能处于能级之间的间隙中。

不确定性原理

在经典力学中，牛顿运动定律可以完全地描述宏观粒子在力场中的运动。质点的位置和动量都是数学上定义明确且相互独立的物理量，其轨迹在时空中的任何地方都有明确的定义，但这在量子尺度上是不正确的。在量子尺度上，当粒子从一个位置移动到另一个位置时，其走过的路径是不确定的。把一个扩展的粒子精确定位到一个比它自身波长还小的空间区域是没有意义的。此外，根据德布罗意公式，物质波的波长与其动量成反比，位置和动量不是相互独立的，即物质波的波长越大，动量越小，反之亦然。位置和动量称为一对互补变量。

1926年，德国物理学家维尔纳·海森堡构建了第一个完整的量子力学理论（称为矩阵力学，涉及的数学对象称为矩阵）。在矩阵力学中，他重点讨论了对量子系统进行测量的物理意义，并得出结论：我们所能获得的有关量子系统的测量结果基本上都受到了自然的限制，其精度与测量仪器中的任何缺陷或限制无关。一个量子态的物质本身并不知道它在哪个位置，它的速度有多快，或者朝着什么方向前进，因为量子世界本质上是不确定的。海森堡提出了著名的“不确定性原理”，即我们可以知道一个粒子在哪里，或者它要去哪里，但这二者不能同时被确定。不确定性原理是量子力学的一大支柱，它告诉我们物质既不是“纯”粒子，也不是“纯”波。

不确定性原理将粒子位置（Δx）的不确定性（由 Δ 符号表示）与其动量的不确定性（Δp）联系起来，两者的乘积大于或等于普朗克常数除以4π：

$$\Delta x\,\Delta p \geqslant \frac{h}{4\pi}$$

这是怎么回事？假设我们想测量电子的位置和速度，可以用光照射电子，根据电子的散射波，我们就能知道它在哪里，以及它是如何运动的。然而，电子的质量很小，为了避免对它造成太大的干扰，我们只需要在它上面照射微弱的光。然而，电子只有散射至少一个光子之后，才能被看到；但当它散射光子时，就会发生能量和动量的交换。因此，光子不可避免地将动量传递给电子，我们不可能在没有干扰的情况下观察粒子。应该怎么办呢？我们可以选择对电子的干扰尽可能少的测量方法，如使用波长较长的光子对电子动量进行更精确的测量，如图16左侧所示。但是当我们这样做时，由于电子的位置精确度小于光子的波长（在本例中为长波长），我们无法精确地定位电子在空间中的位置，因此这一位置的测量是不确定的。或者，我们可以选择使用高能的短波

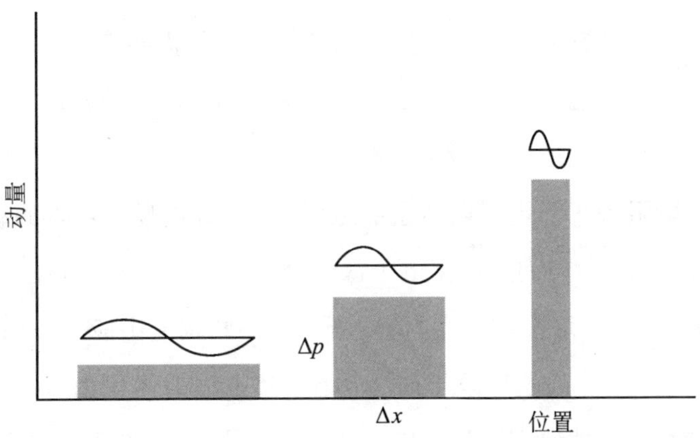

图16　在海森堡的不确定性原理中，作用的量子以不同的方式被“压缩”。在测量时，粒子的动量不确定度Δp与其位置不确定度Δx成反比，因此其动量–位置空间中的面积（用灰色矩形表示）与普朗克常数成正比。上图中的矩形分别表示用于测量量子粒子动量的长、中、短波长的光子，在文中也有描述

光子（如伽马射线光子）照射电子，从而降低测量电子位置的不确定度，如图16右侧所示。但是，若使用高能伽马射线光子，电子接收到的“冲击”就会变得非常大，以至于这一动量的测量变得非常不确定。不确定性原理使我们无法同时高精度地测得位置和动量。

不确定性原理非常强大，它可以解释很多现象。我们在这里介绍其中一个重要的结论。当量子在空间中的位置被强烈局域化时，它的动量会产生很大的波动，因此其动能也会发生波动，被称为零点能。量子实体总是在其最低能量状态下波动。不确定性原理表示，物质不可能达到绝对零度，因为如果达到了这一温度，粒子将在空间中有确切的位置，而这是不可能的。

了解量子局域化能量的概念，也有助于我们理解原子的稳定性。可以想象，若想构建一个氢原子，我们需要将一个电子和一个质子从无限远处聚集在一起。这一物理过程的起始状态是两个相互分离的粒子，终止状态是电子的运动被质子产生的静电场所限制。当电子向质子靠近时，它从静电场中获得的动能使它的振动越来越剧烈，电子像一个不断振动的模糊球围绕着质子。最初，这个球很大，但随着电子不断辐射出能量，球也会一直收缩，并逐渐局限于质子周围，其占据的体积由 Δx 定义。根据不确定性原理，随着 Δx 变小，其动量 Δp 的扩散必须增加。反过来，电子的动能增加，就阻止了电子轨道的进一步收缩。最终，当电子到达最低能量状态时，静电引力和量子局域化能量相互平衡。自然界总会用这种折中的办法，来制造有电子能级的量子阶梯的稳定原子。

解读量子世界

在海森堡提出矩阵力学理论后不久，奥地利物理学家欧文·薛定谔提出了另一种方法，该方法用方程来描述量子在力场中的运动。薛定谔方程类似于描述水波运动和声波传播的经典波动方程，它是量子理论的基本方程，相当于微观世界中的牛顿动力学。海森堡方程和薛定谔方程虽然表面上不同，但其物理意义是等价的。

薛定谔方程的解被称为波函数，用符号Ψ来描述物质波。这立刻引发了一个问题——如何解释波函数？所有的波都有正值和负值（例如，海浪可以高于平均海平面，也可以低于平均海平面）。因此，如果用波函数来表示一个量子，我们应该如何解释波函数的负值呢？马克斯·伯恩断言，可以用波函数的平方Ψ^2（它永远不可能为负值）代表在特定空间区域找到该粒子的概率（粒子的位置不是确定的）。

薛定谔方程的第二个基本特征是，它是线性的。在线性方程中，两个或多个方程的解之和可以表示为一个方程的解。这意味着多个波函数之和可以用一个混合态的波函数表示，这意味着量子系统可以在同一时间处于多个量子态，且每个量子态都可以独立演化，就像其他量子态不存在一样。这一理论使量子世界拥有了一个奇异而独特的性质——量子叠加。当一个量子系统处于叠加态时，它的物理特性就不能被准确地描述出来。

量子叠加可以帮助我们理解原子中的电子是如何在量子阶梯之间跳跃的。电子可以从一个能级（状态A）消失，并在另一个能级（状态B）突然出现，并且不经过任何中间态。当原子从状态A跃迁到状态B时，其中的电子会与光子发生短暂的相互作用。在这段时间里，初态和终态的波函数相叠加，即意味着电子处于叠加态。叠加是两种量子态的混合：电子既处于状态A，又处于状态B。随着原子跃迁逐渐完成，状态A的波函数变得越来越弱，而状态B的波函数变得越来越强，直到最后只有状态B独自存在。可以拿一个简单的例子与之类比，当一种笨拙的吹奏乐器在两种振动模式之间切换时，它会发出短暂的“吱吱声”。

一个关键的实验涉及了叠加原理的核心，即用粒子代替光进行的杨氏双缝实验。理查德·费曼最喜欢这个实验，他说：“这一实验包含了量子力学中的唯一奥秘。”让我们再看一看图15所示的实验，将一束电子射向开有两个平行狭缝的金属屏幕，远处是一个玻璃屏幕。如果电子通过狭缝，它们将射向玻璃屏幕，并在屏幕上产生一个亮斑。如果其中一个狭缝被遮住，电子穿过打开的狭缝，像子弹一样射向远处的屏幕上，此时玻璃屏幕上的光亮是均匀的。如果将遮住的狭缝打开，电子便可以同时通过两个狭缝，玻璃屏幕上的图案会发生巨大的变化。原本均匀的图案变成了波浪形图案，有了干涉相长带和干涉相消带。值得注意的是，当两个狭缝同时打开时，电子无法到达屏幕的某些区域，但当只有一个狭缝打开时，电子却很容易击中这些区域。这一戏剧性的结果与我们脑海中的小子弹般电子的物理图像完全不同；如果电子像子弹一样，为什么从第二个狭缝通过的电子会对从第一个狭缝通过的电子产生影响？

这个实验可以被进一步推广。我们将电子枪的发射率调低，使任何时候仪器中都只有一个电子在飞行。当两个狭缝都打开时，电子在玻璃屏幕上的撞击位置被记录下来，随着时间的推移，这些被记录的位置逐渐形成一种波浪形干涉图案，与之前的实验中两个狭缝都打开时的干涉图案相同。但是，如果仪器中明明只有一个电子，怎么可能会出现干涉图案呢？一个电子是否会扩散，并以某种方式同时通过两个狭缝以干涉自身？如果我们试图通过观测来确定电子通过哪个狭缝，例如向电子发射光子，这样的测量行为会干扰电子的状态，玻璃屏幕上的图案将立即转换回均匀的图案。

让我们总结一下电子的这种奇怪行为。如果电子不被观测，它可以同时通过两个狭缝。在这种情况下，电子波函数处于叠加状态，即，电子在穿过第一个狭缝的同时也穿过了第二个狭缝。但是，如果电子被观测，它的波函数将坍缩成一个单一的状态，这对应于它只能通过一个狭缝。实际上，观测和不观测电子创建了两个完全不同的实验，每个实验产生不同的结果。

1927年，尼尔斯·玻尔提出了量子力学的“哥本哈根诠释”的一系列想法，波函数坍缩是这一概念的核心。这一名称源于玻尔研究所的所在地。玻尔认识到，我们对量子世界的了解，只能来自我们在宏观层面上使用特殊实验室仪器进行的测量。因为测量会对量子系统产生干扰，所以在没有测量的前提下问量子在做什么是毫无意义的。我们唯一能做的，就是计算量子系统占据某些状态的概率。在观察者进行测量的瞬间，量子系统会坍缩到一个特有的状态，这一状态由系统“决定”。爱因斯坦并不满意哥本哈根学派的概率解释，在与玻尔的一系列交流中，他说了一句十分著名的话——“上帝不玩骰子”。玻尔回答说：“爱因斯坦，不要告诉上帝该做什么。”结果是，无论我们如何解释波函数，一个又一个严格的实验早已验证了薛定谔方程的正确性。

但即便是薛定谔，也会对他的理论和哥本哈根解释提出质疑。为了说明这一理论的荒谬，他提出了一个假设性的思维实验，称为“薛定谔的猫”。想象一下，我们把一只猫、一个放射性原子和一个会在原子衰变瞬间释放致命毒气并杀死猫的装置，同时放在一个密封的盒子里。一段时间后，原子衰变的概率为50%，即原子处于叠加状态：衰变态和未衰变态。如果原子已经衰变，毒药释放，猫就会死；若原子仍然完好无损，猫便还活着。因为盒子是密封的，我们无法知道猫是活的还是死的。这一实验使我们想到，原子的两种状态的叠加态已经“漏”出，并影响到了包括猫在内的整个盒子空间，这使得猫也必须处于死与生的叠加态中。如果哥本哈根的解释是正确的，那么在观察者看到打开的盒子之前，一切都处于不确定状态。荒谬之处在于，现实世界中的猫不可能处于既死又活的叠加态。

这种奇异的事件状态使得其他量子力学的诠释纷纷出现。其中之一是休·埃弗雷特在20世纪50年代提出的“多世界诠释”。在这一诠释中，波函数不会发生坍缩，相反，所有可能发生的事情都会在不同的世界中发生。这意味着，当放射性原子和猫进入叠加态时，现实世界分裂为两个独立的平行世界：一个世界中的猫还活着，另一个世界中的猫已经死了。如果将这一理论扩展为能包含宇宙中所有可能的测量行为，那么在测量的同时，现实世界就会分裂成多个独立的宇宙，这一概念致使宇宙学家提出了多元宇宙理论。多元宇宙理论认为，有大量的平行宇宙同时存在，每个宇宙都包括了一切存在的事物——所有物质、物理定律和自然界的基本常数。如果想了解更多，大家可以去阅读参考文献中马丁·里斯的书。

有人认为，量子力学不是最终的理论，而只是在微观尺度上对物理世界做了非常好的近似，并且用与众不同的定律来描述宏观世界。微观世界和宏观世界似乎彼此相互独立，但事实上，宏观物体是由大量的微观粒子构成的。然后我们会问，宏观世界和微观世界的分界线在哪里？最近，双缝实验已开始用相当大的分子——巴克球——来代替电子。这些C_{60}分子束（每一个都比一个电子重100万倍）也表现出了量子叠加和干涉效应。

量子世界中还有一个不可思议的现象。量子实体可以像幽灵一样穿过看似无法穿透的屏障，这种现象被称为量子隧穿效应。图4的STM图像是利用极细探针和针尖下碳原子之间的电子的量子隧穿效应产生的。从经典观念出发，电子没有足够的能量越过探针尖端的势垒。然而，不确定性原理还有另一种形式（$\Delta E \Delta t \geqslant h/4\pi$），可以将另一对互补变量——能量（$\Delta E$）和时间（$\Delta t$）——通过不确定性联系在一起。这使得量子可以先借用能量ΔE来帮助自己克服势垒，但是，在不确定性原理的支配下，它需要在时间Δt内偿还自己所欠下的“贷款”。在量子世界中，能量守恒是可以被“违背”的——只要它是一种暂时性的“违背”，并且保证可以全额偿还能量“欠缺”。这种“交换”使粒子能够扩散到经典禁区并且通过屏障。①

量子隧穿效应既可以在放射性核发射阿尔法粒子时发生，也可以在处于恒星热核中的质子之间发生。当两个质子彼此靠近时，它们之间巨大的静电斥力会试图将它们推开。然而，它们的波动性质使它们能够向四周扩散并穿过缝隙，让它们靠得足够近。这时，强大的核力使两个质子相互结合，并释放出核聚变能。没有量子隧穿，天上的星星将不会发光，世间万物也不会存在。

物质和力

在日常生活中，我们可以很容易地分清相同的事物。例如，我们可以通过贴标签、涂颜色等方式来区别具有相同质量、大小和成分的台球，这样当它们在台球桌上移动时，我们就可以跟踪它们的去向。在量子世界中，全同或不可区分粒子的概念具有完全不同且更严格的含义，这使得它们不能被标记。如果两个量子的波函数坐标相互交换时，整体的性质不发生任何改变，则可以认为它们是相同的。

在双缝干涉实验中，如果我们试图观测电子通过哪个狭缝，

---

① 能量守恒是物理学中必须遵循的基本原则，因此译者在此处使用加引号的“违背”以强调特定情境下的表述。——译注

则观察行为会导致其物质波与自身不同步（相干性损失），从而破坏屏幕上的波浪形干涉图案。观察行为相当于给一个量子实体贴上标签，这是自然所禁止的。相同量子的轨迹是不可观测的，与台球不同，电子不能被涂成不同的颜色。

不可区分和全同的粒子，与物质和力在基本层面上的区别有关。在人类尺度的层面上，我们通常认为物质和力是不同种类的东西。物质显然是有形的东西，而力似乎是自然界中的物块推动或拉动其他物块的方式。然而，在微观世界中，力本身是由粒子携带的。世界上所有的粒子都被分为两类：费米子和玻色子。物质粒子是费米子，携带力的粒子是玻色子，并且玻色子还可以传导力。当大量相同的粒子聚集在一起时，这两种基本粒子遵循不同的统计规律，它们也因不同的统计规律而被命名。以意大利物理学家恩里科·费米命名的费米子，服从费米-狄拉克统计；而以印度物理学家萨蒂安德拉·纳特·玻色命名的玻色子，服从玻色-爱因斯坦统计。

对称性在区分费米子和玻色子方面起着核心作用。在全同粒子的系统中，如果任意交换两个粒子，其概率Ψ^2不会改变，但波函数Ψ将会有两种可能性：粒子是费米子时，波函数的符号改变（$\Psi \rightarrow -\Psi$），即费米子具有反对称波函数；粒子是玻色子时，波函数符号不变（$\Psi \rightarrow \Psi$），即玻色子具有对称波函数。

费米子和玻色子的性质各不相同。当费米子聚集在一起时，它们不会彼此共享量子态，并且更倾向于从基态开始，在量子能级的阶梯上一级一级填充可占据态（图17）。如果一个费米子想

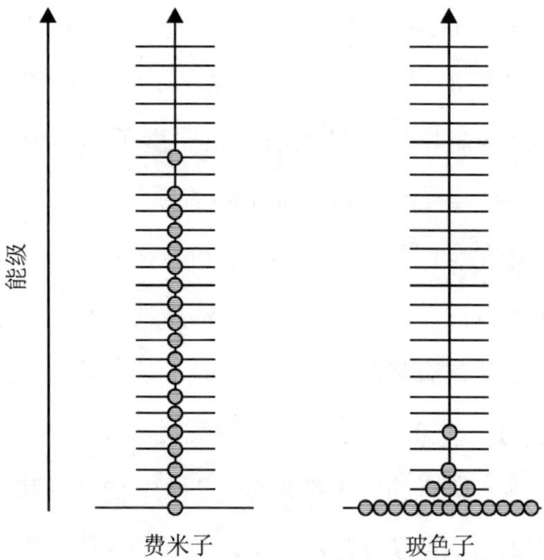

图17　世界上所有的粒子都是由费米子或玻色子构成的。物质粒子是费米子，能传导力的粒子是玻色子。相同的量子根据其类型聚集在能级阶梯上；费米子每个能态只能由一个粒子占据，而玻色子优先坍缩到最低能量基态。

加入到这个费米子集群中，它必须占据能级阶梯中的更高一级，合并后的物质就会占据更大的体积。费米子无法共享同一个量子态，这就防止了原子中的电子与相邻原子中的电子过于接近，物质的许多性质由此产生，比如它的坚固性。另一方面，玻色子则不关心它所在的状态是否被其他玻色子占据，甚至更倾向于共同占据相同的基态能级。光子是玻色子。在每台光盘播放机中都有一个激光器，其中大量的玻色子形成一个单一的相干波状态，所有的量子波都以完美的同步方式振荡，就像一队训练有素且步调一致的士兵。激光束若想达到某一所需的强度，只需要增加更多的光子。

决定粒子是玻色子还是费米子的因素，与一个最神秘、最超凡的量子特性有关，这就是自旋。量子可以有一个固有的角动量，就好像它们绕着一个轴旋转一样。在经典物理学中，量子自旋并没有精确对应的物理量。与自旋最接近的经典类比是物体的旋转，例如地球绕地轴自转。但问题是，地球用24小时绕地轴旋转360度，我们可以看到太阳在连续两天内几乎同时升起。但是，一个量子要旋转多少度才能看起来一样呢？像任何我们熟悉的物体一样，玻色子旋转360度就可以看起来和原来一样，然而费米子必须旋转两次（720度）。费米子的情况，就好像地球必须旋转两次，才能到达下一个日出。真奇怪！

费米子的自旋为半整数（如1/2、3/2等），而玻色子的自旋为整数（0、1、2等）。表1给出了一些玻色子和费米子的自旋。普通物质中的费米子数是守恒的（除非被反物质粒子湮灭，我们将在第六章中介绍）。但是玻色子没有这样的限制，它们可以被大量地创造和摧毁，这一过程就像开关灯一样简单。

表1　一些玻色子和费米子的性质

类别	名称	符号	质量（E/c^2,GeV）	自旋（$h/2\pi$）	电荷（e）
玻色子	光子	γ	0	1	0
	弱光子	W^+, Z, W^-	80.3（W），91.2（Z）	1	1，0，−1
	胶子	g	0	1	0
	氦-4原子	He-4	3.73	0	0
	希格斯玻色子	H^0	125	0	0

续 表

类别	名称	符号	质量 （E/c^2,GeV）	自旋 （$h/2\pi$）	电荷 （e）
费米子	电子	e	0.000 5	1/2	−1
	上夸克	u	0.002	1/2	+ 2/3
	下夸克	d	0.005	1/2	−1/3
	中微子	v	近乎0	1/2	0
	质子	p	0.938	1/2	1
	中子	n	0.939	1/2	0
	氦-3原子	He-3	2.81	1/2	0

玻色子“传递”物质粒子间的作用力是什么意思？想象在无摩擦冰面上的两个滑冰者，当他们相向滑行时，一个人向对方扔了一个沉重的球，对方接住球后，他们都朝着新的方向移动，两位滑冰者在这一交换过程中保持动量和能量不变。远处的观察者由于距离太远，看不到球，只能看到两位滑冰者动作的变化。观察者便得出结论——滑冰者通过一种力进行互动。在这个类比中，滑冰者代表费米子，球代表可以传递力的玻色子。粒子的交换解释了力是如何在微观尺度上起作用的；然而，我们应该始终保持谨慎地将量子世界和宏观世界做类比。

玻色子以“虚粒子”的形式在物质粒子间来回穿行，从而传递物质粒子间的作用力，它们都是微观世界的“重球”。我们将在第七章介绍它们在物质中扮演的核心角色。虚光子是如何工作的？根据海森堡不确定性原理，虚光子在其短暂存在期间，将从真空中借用能量。虚粒子的短暂存在意味着，即使是处于零点能状态的系统，也能自发地产生高能粒子。当两个电子相互排斥时，它们之间的电磁相互作用力由一个虚光子（自旋为1的玻色子）传递。这个粒子被称为矢量玻色子，因为它是矢量场的量子，它的自旋轴可以指向三个给定的空间方向。在量子力学中，我们无法观察虚粒子。虚量子只有被接收粒子完全吸收和根本不吸收两种情况。

周期表的结构

量子力学最伟大的成就之一是它解释了元素周期表的结构。当我们把薛定谔方程应用到原子体系时，能解出有驻波性质的电子波函数，这些驻波被称为轨道，它定义了最有可能发现电子的空间位置。原子轨道由四个量子数决定，它们定义了三维空间中不同的轨道形状。氢原子基态的波函数是一个球形，波函数最大值在原子核附近，并随半径逐渐减小（图18）。但在激发态下，电子更多的时间将处于离原子核更远的地方。这些高能波函数的

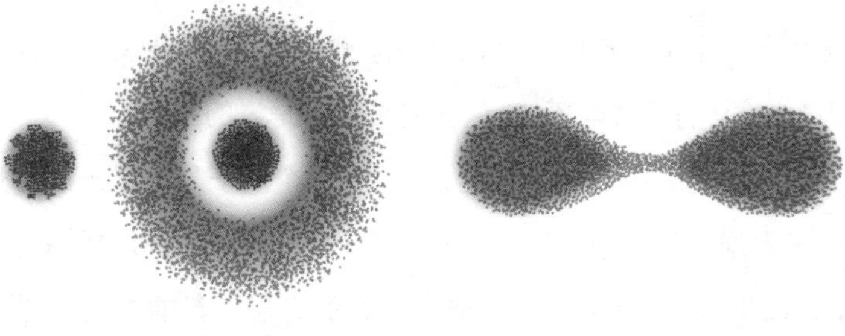

图18　氢原子基态（左）和一些激发态的球形、哑铃形电子密度分布。电子密度分布代表了波函数的形状，也代表了电子在原子核附近的相应位置所花费的时间

形状各异，一些是有一个中心核的空心球形，而另一些则是以原子核为对称中心的哑铃形。哑铃形的波函数有三种可能方向，这三个方向在空间中相互垂直，具有相同的能量。拥有更高能量的状态具有更复杂的电子密度分布。

电子从基态逐级向上填充原子的能级。1925年，沃尔夫冈·泡利发现了电子填充原子能级的原理。如果两个处于相同能级的电子相互交换，原子波函数Ψ不会改变。由于电子是费米子，这意味着波函数$\Psi = 0$，换句话说，两个电子占据相同能级的概率为零。这就是泡利不相容原理，它在原子结构中起着关键作用，并产生了周期表中元素的壳层结构，形成了由2、8、8、18...个元素组成的群。

在除了氢以外的原子中，电子云的分布与图18所示结构相似，但由于核电荷较大，电子云被吸引，于是结构变得更紧密。元素周期表中的第二个元素是氦，其原子核中有两个质子。泡利不相容原理允许两个自旋方向相反（方向分别为“向上”和“向下”）的电子进入基态，形成原子中第一个稳定的壳层。在氦中，处在基态的电子云形成一个比氢更紧密的球，这反映在它具有数值为24.6 eV的更大电离能，这一能量几乎是氢的两倍。

元素周期表中的下一个元素锂，有三个质子。在锂元素的两个电子占据了第一个壳层后，它的第三个电子必须进入更高的能态，并以价电子的“身份”占据一个新的壳层。新的壳层离原子核更远，并且被内部的电子云屏蔽掉了部分核电荷。因为外层电子与原子核的结合力很弱，所以很容易将其去除。这使得锂元素具有活跃的化学性质，并且很容易电离，这些都是金属元素的特点。元素周期表中的大多数元素都是金属，非金属元素主要存在于从硼到砹的对角线的右上方区域。

元素周期表的一个显著特点是它的“八倍”周期性。这是因为原子轨道有四种基本形状：一个球形和三个哑铃形，三个哑铃形轨道指向空间中相互垂直的三个方向。每一个轨道都可以容纳一对自旋相反的电子，因此在一个完整的壳层中有八个量子态。所以，当我们按照元素周期表中从锂到氖的顺序观察这些元素时，会发现八个电子将一个接一个地填充到原子轨道上，从而平衡原子核的电荷。氖有一个由八个电子组成的封闭外壳，这使得它成为一种像氦一样的化学惰性气体。氖的下一个元素是金属活性元素钠，其中新增加的价电子又开启了一个新的壳层，其后元素的电子排列继续重复这一过程。

在本章中，我们回顾了20世纪初的重要发现，这些发现揭示了原子的内部结构，革命性的物理学新理论量子力学，也随之诞生。原子核非常小，这使得原子中的大部分空间都是空的，这些空间被束缚着电子的静电场占据。原子核包含两种粒子——质子和中子，它们被强大的短程核力连接在一起。麦克斯韦设想的平滑而连续的电磁场，实际上是由大量的量子组成的。量子世界和宏观世界之间的分界线以自然界基本常数——普朗克常数——的大小为标志。

海森堡不确定性原理揭示了微观世界中粒子的行为，并展示了粒子如何跨越经典世界中无法逾越的屏障。世界上有两种粒子，即费米子和玻色子。费米子是物质粒子，玻色子是力的载体。一个给定的量子态只能由一个费米子占据，而玻色子更喜欢聚集在同一个量子态中，并且可以形成相干场。量子理论的成功之处在于它解释了周期表的结构，以及原子、分子、材料和生命本身的性质。

尽管量子性质仅仅局限于微观尺度，但它们有时可以从宏观上揭示物质的各种性质。在第六章中，我们将向大家介绍，大量粒子聚集在一起如何解释大规模量子效应。

第六章

量子物质

所有物质都是量子物质。量子力学是描述分子、原子和亚原子粒子行为的理论基础。正常情况下，物质波的波长太短，以至于人们无法在宏观尺度上分辨它们。但是，在特殊情况下，包含 10^{23} 个粒子的系统可以表现出大规模宏观量子行为。这些是我们本章要关注的重点。

当粒子聚集成宏观物质时，若要产生大规模的量子效应，必须满足两个条件。第一，组成聚集体的单体必须放弃它们的“身份”，这样它们的量子相互作用可以扩展到很远的距离，使这些粒子能够与其他粒子发生相互作用。第二，所有粒子必须是可自由交换的，这样系统才能“识别”它所包含的全同粒子，并遵守相应的统计规律：玻色–爱因斯坦统计或费米–狄拉克统计。第二个条件意味着，粒子需要像在流体中一样能够轻易移动。我们正在讨论的这一系统被称为“量子流体”。

由玻色子或费米子组成的系统有着显著的区别。这些差异在高温下是最小的，因为粒子的能量非常大，以至于两个粒子处于同一量子态的概率非常小。但在绝对零度时，费米子必须遵循泡利不相容原理，各自占据不同的量子态，而玻色子可以全部填充在最低能量状态。费米子依据能量由低到高，填充满了所有可用的量子态能级，能量最高的量子态能级被称为费米能级，比费米能级能量高的量子态是空的。

气体中量子行为的开始如图19所示。在高温下，粒子以经典的路径做直线运动，并且只在短暂的台球式碰撞时才改变运动方向。随着温度的下降，粒子的动量减小，其德布罗意波长增加。在特定的温度下，单个粒子的波长与粒子之间的平均距离相当，这样它们就能以波的形式与其他粒子发生相互作用。这些相互作用包括物质波的绕射、相长干涉、相消干涉。发生量子行为所对应的特征温度与粒子的质量成反比，相同密度下，电子的特征温度比氦原子的特征温度大得多。如果这些粒子是玻色子，它们中的一小部分可以共同聚集在能量较低的基态，形成所谓的玻色–爱因斯坦凝聚体（或BEC）。当温度接近绝对零度时，几乎所有的玻色子都会聚集到基态上。到BEC的转变标志着粒子从经典行为到量子行为的量子相变，涉及相干物质波。因此，量子相变与第三章中讨论的经典相变形成了鲜明的对比。在经典相变中，固相、液相和气相是在由热力和原子间相互作用力的竞争中产生的。用两个相互重叠且均含有大量粒子的BEC进行的实验表明，它们可以以波的方式进行干涉。

尽管本章讨论的奇特物质状态是在原子温度非常低的情况下出现的，我们也有一个量子流体的例子，它发生在温度更高的条件下。这个例子描述了电子的行为，并解释了为什么有些材料导电，而有些材料不导电。

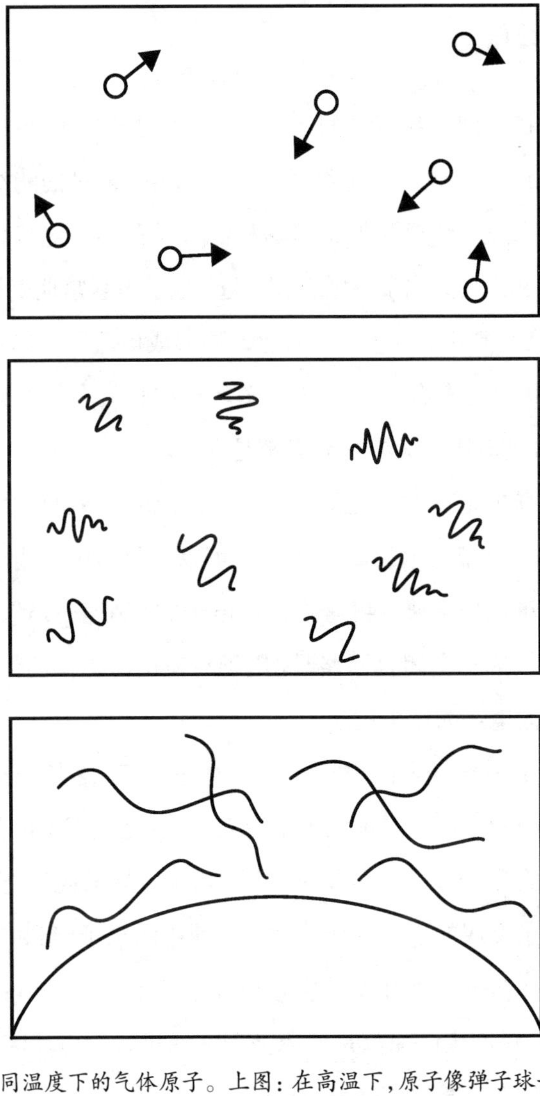

图19　不同温度下的气体原子。上图：在高温下，原子像弹子球一样向四周弹跳。中图：随着温度的降低，原子的德布罗意波长增加，直到这些波函数开始相互重叠。下图：在这个区域，原子开始不可分辨，量子效应变得非常重要。如果粒子是玻色子，所有的原子将有相同的波函数，并可以形成玻色凝聚体

导体和绝缘体

电荷在空间中各点之间运动，也可以通过导体材料流动，这样的行为产生了电流。绝缘体材料不导电，常见的绝缘体有玻璃、琥珀、陶瓷、塑料和如钻石这样的各种晶体。绝缘体材料中的分子通过强大的化学键结合在一起，电子被紧紧地束缚在分子中，无法在材料中自由移动，从而无法形成电流。金属是最常见的导体，其内部含有可移动的电子。正如我们在第五章所看到的，元素周期表中的大多数元素都是金属。

金属导电是自发产生的，因为价电子很容易脱离金属原子，从而产生一个带正电的离子和一个可以在材料中自由漂移的电子。我们可以把金属导线看作自由电子的“高速公路”。当导线与电池连接成一个闭合回路时，电子将在电池提供的作用力下，沿着导线向电池的正极运动。

金属中参与导电的电子形成一种集体流，这是一种等离子体。金属中的正离子浸没在电子流之中，并通过正负电荷的相互吸引而结合在一起。这就是金属键，除了金属的高导电性之外，它还决定了金属的许多其他特性。金属中的电子起到“胶水”的作用，它的流动性使得离子能够形成紧密堆积的晶体结构。此外，金属光泽产生的原因是电磁波无法通过移动电荷区域，这也解释了为什么光会被金属表面反射。

一块铜和一颗钻石都是由大量铜原子或碳原子聚集而成的，但它们的电导率却相差10^{20}数量级。要理解为什么会有如此大的差异，我们需要考虑，当大量原子聚在一起时，量子阶梯会发生什么变化。让我们一个原子一个原子地搭建一个固体。量子能级阶梯的两个梯级如图20所示，假设我们将两个原子彼此靠近，使它们的波函数重叠，由于泡利不相容原理禁止电子占据相同的能态，因此能级分裂（称为杂化）形成两个间隔紧密的能级。随着越来越多的原子加入到固体中，能级会发生进一步劈裂，直到形成带状能级，每个能带中包含许多能级上精细分离的量子态。固体中的原子在每个能带中都贡献一个能态。关键的是，每个能带之间都有带隙将其分离，带隙中没有能态。

构建材料的下一步是观察电子如何填充这些能带。作为费米子，电子服从费米-狄拉克统计，因此相互排斥，无法占据相同的

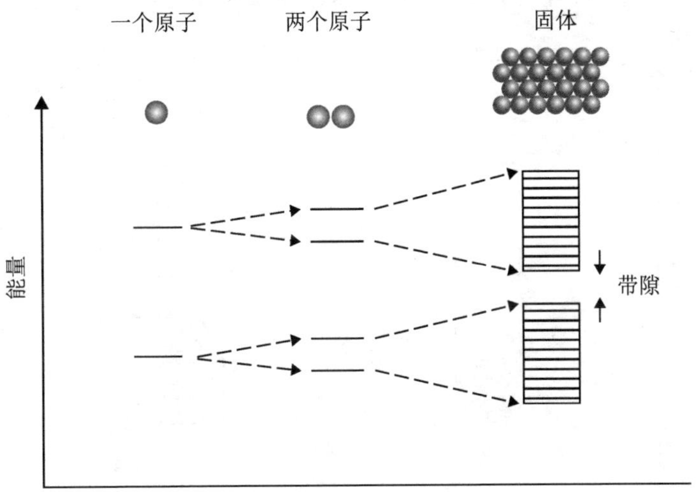

图20　固体中电子态是如何产生的。左侧：一个原子有两个被明确定义的能级；中间：对于两个有相互作用的原子，它们的能级劈裂为两个；右侧：对于许多原子，能级进一步劈裂并形成能带

量子态。想象一下，假如我们将电子掺入固体，电子将会一个接一个地从能带底逐渐向上填充量子能态。电子填充会有两种可能结果，一个是所有的能带都填满了电子，另一个是部分能带填充了电子。如果能带被填满，电子会相互制约，此时固体为绝缘体（如图21右图所示）。在这种情况下，能够使固体材料导电的唯一方法是让电子跃过带隙，进入下一个更高的能带并占据空态。然而，电子需要吸收相当大的能量才能完成跃迁，像金刚石这样的良好绝缘体，其带隙为5.47 eV，这一能量是室温下电子能量的几百倍，所以电子根本无法从热涨落中获得足够的能量完成跃迁。

图21中的金属与上面描述的情况有所不同，金属中的传导电子只部分填充了一个能带。费米能级附近的电子只需要获得非常小的能量，就可以跃迁到附近的空能态，并且可以在空态中自

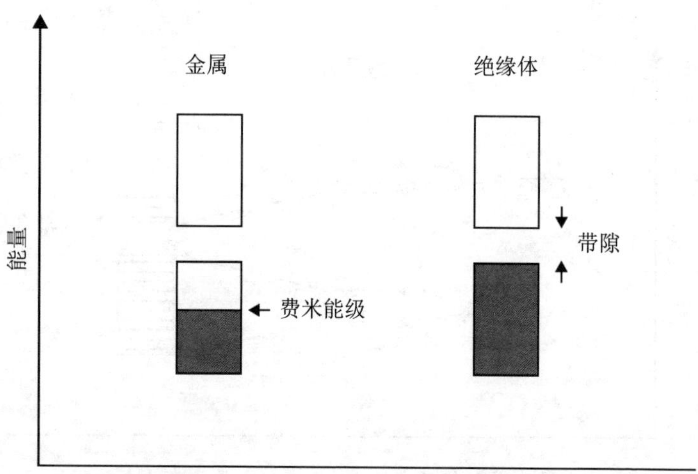

图21　电子如何填充能态。图中的方框表示能带。左：金属中部分填充的能带；右：绝缘体中填充满的能带

由移动。因此，金属导体的特征为具有部分填充的导带。由于大约每个原子向金属提供一个电子，因此每个电子的可用空间量被限制在由晶格间距定义的体积内。根据不确定性原理，这种空间局域化迫使传导电子进入能量更高的量子态，其等效温度约为10万K。这一温度远高于金属的沸腾温度，因此金属中的传导电子形成量子流体。当物质的密度足够高，使电子之间的压力不是由热运动产生，而是由泡利不相容原理产生，这种物质被称为简并物质。金属中的自由电子可被视为简并气体，而金属中的其余电子则处于束缚量子态。

尽管传导电子可以在金属中自由移动，但电子导电会消耗能量。晶体中的各类缺陷，如杂质离子、各种晶格缺陷和热振动等，都会对电子造成散射，并使电子的动能最终转化为热能。散射是一种摩擦形式，它伴随着电阻的产生。散射这一机制解释了为什么我们可以借助电暖器取暖，以及为什么电脑处理器芯片需要冷却。

超流体与超导体

在所有的物质状态中，超流体和超导体是让人印象最深刻和最奇特的宏观量子现象。然而，只有极少类型的原子可以形成量子流体，因为大多数材料在远高于产生量子效应的温度下就已经凝结成固体了，它们无法满足粒子交换的要求。量子流体最著名的例子是惰性气体同位素氦-4和氦-3，常压下，它们在到达绝对零度之前一直保持液态。

氦-4出现量子行为的特征温度为3 K，而对于较轻的氦-3同位素，其特征温度约为5 K。复合粒子（如原子）的量子自旋规则是，如果其内部包含偶数个费米子，那么它就是玻色子，否则它就是费米子。构成原子的质子、中子和电子都是自旋为1/2的费米子，它们的自旋总是平行或反平行排列。因此，若一个系统具有奇数个费米子，那么它这一系统的总自旋一定是半整数。氦-4原子由六个费米子组成，是玻色子；氦-3原子中有五个费米子，是费米子。

对接近绝对零度的物质的研究始于1908年，当时荷兰物理学家卡末林·昂内斯在4 K的温度下成功将氦液化。通过泵送液体，可以获得更低的压力和温度，甚至能让温度低于宇宙微波背景温度（2.7 K），使其成为宇宙中最冷的物质之一。

正常的液体是黏性的。黏度是指流体分子之间存在的摩擦或"黏性"，使流体倾向于抵抗均匀流动。想象一下我们在水里游泳的场景就可以知道，克服流体的黏性需要能量。1937年，俄罗斯物理学家彼得·卡皮察发现，当氦-4冷却到约2 K的温度以下时，液体会自发相变成一种奇特的超流体相，在这种超流体相中，黏度急剧下降了10^{11}倍以上。超流体氦-4具有一系列奇特的量子性质，例如，它能够在没有任何摩擦的情况下流过非常窄的毛细管，也可以形成薄膜（称为罗林膜），它爬上容器的侧面并爬出（图22）。当它被加热时，超流体将会产生一个壮观的喷泉（图23）。在量子特征温度以下，氦-4的所有玻色子原子都倾向于凝聚在能量最低的量子态，并形成玻色凝聚体，其中重叠的物质波形成一个相干量子

图22　超流体氦在容器两侧的缓慢流动,从容器下方滴出

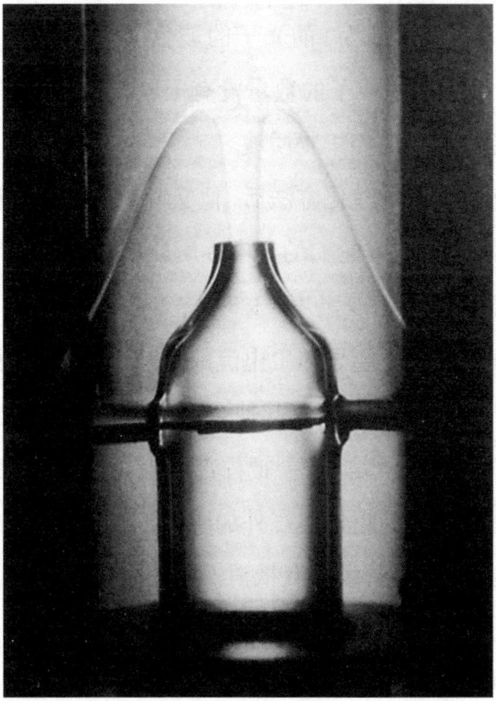

图23　喷泉效应:轻微加热的超流体氦产生喷泉

体系，在此之中，数十亿个原子集体运动，就像一个巨大的“原子”在运动。这类似于训练有素的士兵步调一致地行进，如果一个人动起来了，其他人必须也要跟着前进。

超流体中的量子相干性解释了为什么超流体氦可以无摩擦地流过细小的毛细管。正常情况下，具有黏性的液体不能流过如此狭窄的通道，这是因为毛细管壁上任何轻微的瑕疵都会使液体分子散射，从而产生足够大的黏性以抑制液体的流动。但在超流体中，黏性力变得无效，因为每个原子都必须服从其他所有原子，宏观流动成为可能。在宏观尺度上的集体行为也可以在激光中发现，在激光中，自旋为1的光子的玻色凝聚体占据一个单量子态，在这个量子态中粒子的数量没有限制。激光束是相干光波，氦-4的玻色凝聚体是相干物质波。

昂内斯发现氦的液化方法后，他又利用这项技术将金属冷却到极低的温度，以研究它们的导电性质。1911年，他惊讶地发现，当水银的温度低于相变温度4 K时，它的电阻将会骤降到零，这就是超导体的发现。超导体中电流的衰减十分微弱，甚至在几年之后都不一定能被测量到。其他金属超导体也陆续被发现。超导体的一个关键性质是，它会把内部的磁场排空，只在非常薄的表面层上留有磁场。超导体在外加磁场下产生内部电流，电流进一步产生磁场，两个磁场相互抵消，从而实现了“排空磁场”的效应。这被称为迈斯纳效应，它可以产生精彩的现象。例如，如果将条形磁铁放入超导碗中，碗排出磁场可以支撑磁铁的重量，使磁铁悬浮在碗的上方。

最终，超导被定性为一种十分微妙的效应。1957年，约翰·巴丁、利昂·库珀和罗伯特·施里弗（合称BCS）证明了成对电子（称为库珀对）具有超导性质。在正常的非超导状态下，两个电子相互排斥；但在低温超导体中，库珀对类似于玻色子，能与离子晶格发生相互作用并使其产生微小畸变，从而形成一种微弱的束缚态。在超导体中，库珀对被看作一种与“分子”类似的双电子物质，组成库珀对的两个电子可以相距数百万个原子间距之远。BCS理论说明，库珀对是一种宏观量子凝聚体（一种超流体），它可以作为一个整体在超导体中移动。这让我们想起氦-4的BEC相。但是，在形成库珀对的情况下，超导流体中将含有带电粒子，因此可以用电场操纵。如果库珀对保持完整，当超流体在超导体中流动时，将不会有电耗散或电阻。

库珀对的弱耦合导致传统的低温超导状态十分脆弱，很容易被热涨落破坏，这些超导材料的相变温度通常都低于20 K。但在1986年，格奥尔格·贝德诺尔茨和亚历克斯·穆勒意外发现了一种新型超导陶瓷，它的超导相变温度要高得多。这些高温超导体目前尚在研究之中。迄今为止已知的最高温度的超导体，是一种相对常见的化合物——硫化氢（H_2S），在非常高的压力下，它的超导相变温度为203 K（−70℃）。科学家们的终极目标是发现一种室温下的超导体，这种材料可以远距离高效传输电能。

约瑟夫森结

如果金属被厚度不超过几百个原子的超薄绝缘层隔开，它们就可以形成所谓的隧道结，这种结可以支持由量子隧穿产生的微小电子流通过。1962年，英国物理学家布赖恩·约瑟夫森意识到，如果用超导体代替金属，并能在器件中形成一个量子系统，就能传导更大的电流。在第五章中，我们看到了波函数振幅的平方如何被解释为概率，并且对于单个粒子，波函数的相位在很大程度上是无关紧要的。但当两个存在相互作用的粒子之间存在相位差时，这种情况就不再成立了。在约瑟夫森结中，当波函数经过绝缘层时，其相位会发生改变，由此导致两个超导体之间的电流与波函数的相位梯度产生联系。

约瑟夫森结具有很多有趣的性质。首先，由于超导体中的库珀对携带电荷，我们便可以通过施加外部电磁场来操纵结。如果在结上施加电压，它会产生振荡现象（若施加毫伏范围内的外加电压，其振荡通常为微波频率）。这是因为，位于交界处的波函数相位形成节拍，就像两根跑调的琴弦，驱动着交流电，这就是约瑟夫森电流。相反，如果约瑟夫森结被暴露在微波电磁场中，在特定电压下，超导电流将会出现量子化的“台阶”。这些量子化的台阶可以精确测量电压（精确到$1/10^8$）和自然界基本常数e/h。在计量学中，由于其极高的量子化程度，约瑟夫森结被用于定义电压。

约瑟夫森结还有其他发展可能。两个结可以并联，形成所谓的超导量子干涉仪（SQUID）。在SQUID电路中，当施加磁场时，两个结之间的相位关系会发生改变。另外，SQUID可以用作测量微弱磁场的磁强计，比如测量大脑中微小电流产生的磁场。它还能被用作量子计算机的高速开关。

量子物质的形状

理解复杂三维物理系统的工作原理是一项艰巨的挑战，为了能进一步推进研究工作，人们通常会将原始系统简化，只研究一个保留相关性质的简化系统。例如，1980年，克劳斯·冯·克利青在将三维系统简化为二维系统的过程中，发现了量子霍尔效应（QHE），他也因此被授予诺贝尔物理学奖。

一个世纪前，美国物理学家埃德温·霍尔在研究薄金属板中的电流时发现了经典霍尔效应。他发现，当对通有电流的薄片施加垂直磁场时，薄片上会有电压产生（称为霍尔电压）。我们知道，当任何带电粒子（如电子）以直线运动穿过磁场时，其轨道往往会被弯曲成圆形。在霍尔的实验中，霍尔电压的存在可以用这一理论来解释：磁场使电子轨道向两侧弯曲，电荷便不断在导体两侧聚集，形成电势差。霍尔电压和霍尔电阻随磁场强度的变化而平稳变化。

冯·克利青对霍尔效应的量子对应感兴趣，并做了一个实验来研究二维电子层中的电流。他把薄层冷却到极低的温度，使电子形成一个相干的量子系统，再施加一个非常强的垂直磁场，电子便开始在样品平面上形成完整的圆形轨道。这种圆周运动让人想起玻尔原子模型中的电子运动，我们可以将二维电子层划分成许多区域，这些区域由闭合圆形轨道的大小决定。电子的圆周运动被量子化后，随之产生了离散的量子能级，并出现了能分离价带和导带的能隙，这种能带结构与普通绝缘体相似。

当冯·克利青改变磁场强度时，他发现了一个有趣的效应：霍尔电阻的值并不是平滑地变化，而是在有着宽阔平台的“阶梯”上跃变，这一效应揭示了宏观尺度的量子化（图24）。量子霍尔效应就是这样被发现的。另一个激动人心的发现是霍尔电导（电阻的倒数），它可以被量子化为基本自然常数（e^2/h）的整数倍。后续的测量结果表明，霍尔电导的量子化水平有着十亿分之一以上的极高精度。与经典霍尔效应形成鲜明对比的是，该效应对样品几何形状和缺陷都非常不敏感，而经典霍尔效应在条件发生变化时，会有很大的可变性。

经典的导电理论无法解释这种前所未有的行为。虽然大部

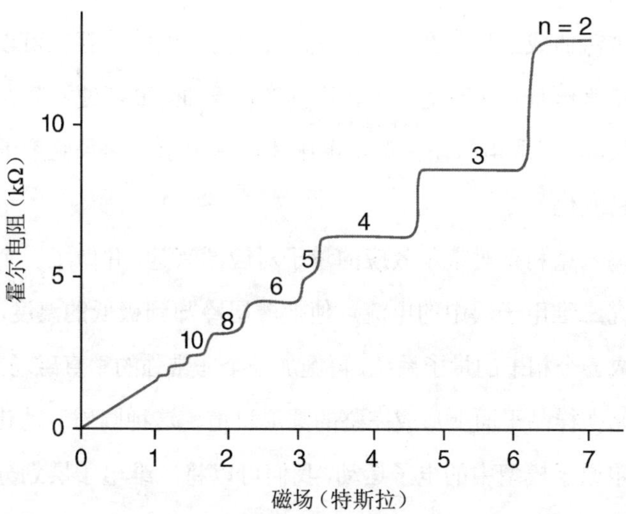

图24　整数量子霍尔效应：霍尔电阻与外加磁场的强度成反比。整数n表示电子波函数的不同拓扑结构

分样品与标准绝缘体无异，但在样品边缘处，却有一些不寻常的事情发生。样品中的电子若想保持圆周轨道运动，需要反复地与“坚硬”的边缘发生撞击并反弹，并沿着边缘不断跳跃。这些形成边缘电流的单向轨道被称为“跳跃轨道”。QHE材料有一个奇特的性质——它的内部是绝缘体，但表面是导体。

电子层必须被视为宏观量子系统，这样才能合理解释量子霍尔系统。这一系统的独特性质与电子波函数的形状和拓扑结构有关。拓扑学是数学的一个分支，它被用来处理不受连续性形变（如弯曲、挤压或拉伸）影响的研究对象的几何特性。如果我们在一个研究对象上刺一个小孔，并将另外一部分研究对象粘在一起形成小孔，虽然它们都有孔的结构，但它们属于不同的拓扑类型。以图25所示的杯子、面包圈和椒盐脆饼干为例。

一个杯子（比如说用软黏土制成的杯子）可以变形成百吉饼形状，然后通过连续的挤压和拉拔过程重新成形，而不需要切割任何孔。因此，这个杯子和百吉饼在拓扑上是等价的——它们各有一个孔，属于同一拓扑类型。然而，这两种形状都不能在不扎任何新孔的情况下变形为椒盐脆饼形状，因此，椒盐脆饼的拓扑类型与它们不同。

在量子霍尔系统中，被测霍尔电导中的每个平台（图24）代表一个不同的拓扑类型，每个拓扑类型都用整数n标记。粗略来看，不同的拓扑类型可以被看作电子波函数不同的“打结”方式。拓扑学为物质分类提供了一种新的方法。例如，我们可以通过各种变形操作，如拉伸、压缩或弯曲材料，将一种拓扑类型的绝缘体

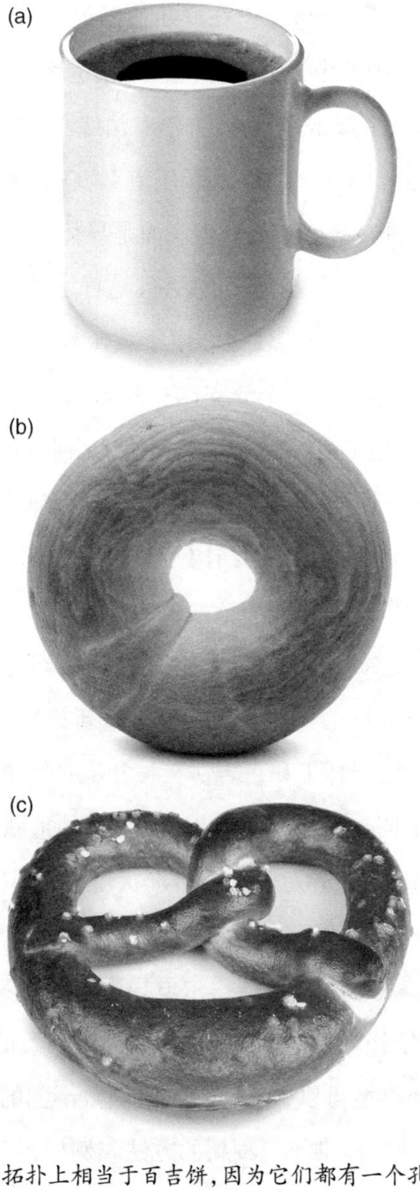

图25　咖啡杯在拓扑上相当于百吉饼，因为它们都有一个孔；但二者所属的拓扑类型不同于有三个洞的椒盐脆饼

变为另一种，这些操作改变了固体的能级和能带。但是，如果在特定变形过程中样品始终保持绝缘特性（换句话说，样品中始终存在禁带），则变形后的绝缘体与其初始状态属于相同类型。但是，如果在变形操作的过程中出现了能隙闭合，导致材料有了金属的性质，即便这一过程只持续了很短的时间，初态和终态的绝缘体也不再是相同的拓扑类型。

量子霍尔效应的发现让我们对拓扑绝缘体有了更深的理解。科学家们将目光从二维材料转到现实世界中的实用材料，并发现了三维拓扑绝缘体。事实证明，许多常见的化合物绝缘体，如含有铋、硒和碲等元素的化合物，都是拓扑绝缘体，它们均有表面导电和内部绝缘的性质。这些材料有着良好性能。如果我们把拓扑绝缘体切成碎片，则在切割处会出现新的导电表面。2016年，戴维·索利斯、邓肯·霍尔丹和迈克尔·科斯特利茨因发现了这种全新又奇特的物质状态而被授予诺贝尔奖。

千　克

艾萨克·牛顿认为，质量是物质的一个关键特性，其在国际单位制中的基本单位是千克。它也是现存的唯一一个由实物定义的单位。定义质量的实物是一块于1879年铸造的铂铱合金，目前被保存在巴黎国际计量局（BIPM）的地下室里。人们把这个物体称为“*Le Grand K*”（图26），并且每四十年将它取出一次，以便与世界各地的复制品进行比较。

问题是“*Le Grand K*”并不稳定：它的质量与复制品的质量

图26　国际千克原器被储存在巴黎郊区塞弗里斯地下室保险箱的三个钟罩内

不同。这种差别很小，一个世纪的质量损失只有50微克，相当于一粒沙子的重量。然而，尽管每世纪损失$2/10^7$的重量看起来很小，但我们仍然需要重视。因此，在2018年，人们决定将由物体定义千克替换为由电定义千克，新的定义不依赖于物质块的完整性，而是依赖于基本物理常数的测量。此后，我们将用电磁力来定义物质的质量。

这种全新且精确的质量定义方法是基于约瑟夫森效应和量子霍尔效应提出的，这两个效应可以提供高精度电压和电流测量，从而帮助人们精确定义质量。约瑟夫森结定义了电压的标准，量子霍尔效应器件为电流和电阻提供标准。新的千克定义方法，使得世界各地的实验室能够在现场定义千克，从而避免了实物的运输。电千克重量的不确定度为$1/10^8$。

本章探讨了量子流体的一些例子，即物质在宏观尺度上可以表现出量子效应。量子流体的行为解释了导体、绝缘体和具有独特性质的超导体之间的差异。这些奇特的宏观量子系统也被应用到实际中，例如为电测量提供了十分精确的方法。这些技术极大地改进了基本质量单位千克（kg）的定义方法。质量单位“千克”与基本物理常数有关，而不是与物质的某一部分有关。

在第七章中，我们将会把视角放大到亚原子的尺度，去观察物质中最小和最基本的粒子。

第七章

基本粒子

所有物质的复合形式——核子、原子、分子、生物、行星、恒星等等——都是由少量不同类型的粒子构成的，这些粒子通过自然力以不同的方式相互作用。正是这些力产生了极具多样性的和多种形式的物质。因此，在讨论物质时，我们必须包括这些力。有四种基本力：作为两种长程力的引力和电磁力，以及作用于原子核的两种短程力——强核力和弱核力。强力将原子核结合在一起，而弱力则与某些类型的放射性以及恒星中的能量产生过程有关。

就在一个多世纪以前，猜测宇宙的最基础组成部分为原子还是合理的。到1932年，普通物质的原子可以用三种亚原子粒子来解释，即质子、中子和电子。这幅关于物质基本成分的美丽而简单的图像并没有持续多久。那时，人们已经开始在更高能量下探索物质，量子力学的理论发展已经产生，这将从根本上改变我们对微观世界的理解。

虽然薛定谔方程成功地描述了大部分亚原子世界，但它不能描述以接近光速的速度运动的粒子的特性。这个缺点是很显著的，因为举例来说，处于氢原子基态的电子的速度仅为光速的

1/137左右，从而是非相对论性的。但对于像金一样的重原子中最内层的电子而言，情况并非如此，其速度接近光速的一半。（数字1/137.036...是自然界的一个常数，称为精细结构常数。）因此，1928年，英国物理学家保罗·狄拉克着手使量子理论与狭义相对论相统一。

把量子理论和狭义相对论统一起来的第一次尝试在一个数学问题上失败了。在经典波动方程中，空间和时间是分开处理的，但在狭义相对论中，它们被编织成一个单一的结构：四维时空。狄拉克发现，他可以利用矩阵将方程分成四部分，从而纳入狭义相对论，这样就得到了著名的狄拉克方程。电子自旋的性质可以自然地从狭义相对论中得到。电子也以零尺度的基本粒子出现。方程的四部分中有两部分很容易解释：它们对应于电子自旋，顺时针方向（向上）或逆时针方向（向下）。但问题是：另外两部分对应什么？

反物质

在狭义相对论中，系统的能量E在方程中以平方量的形式出现，即E^2。因为平方根可以有正负两种值，所以结果是两个解。平方根的负值意味着电子具有负能量——这是不合理的。狄拉克意识到一个带负能量的带负电的电子可以被解释为一个带正能量的带正电的电子。实际上，他把能量的负号传递给电荷，将一个负电子转化为一个正电子，即反物质粒子。物质和反物质是彼此的镜像；一个是什么样的，另一个就与之相反。例如，如果电子自旋向上，正电子则自旋向下。[①]

正电子真的存在吗？抑或仅仅是数学上的一个奇怪现象？在狄拉克预言的几年后，物理学家卡尔·安德森开始研究宇宙射线中的电子。宇宙射线是源自太阳和外太空并轰击地球的高能粒子。安德森在一个强磁体中安装了一个云室探测器，用来记录宇宙射线的轨迹。当带电粒子穿过云室时，它会在后面产生由微小液滴组成的凝结径迹，就像在平流层飞行的喷气式飞机的尾迹一样。当带负电荷的电子通过磁场时，它总是朝着同一个方向偏转。安德森观察到，除了电子之外，还有一些与电子质量相同但带正电荷的粒子，它们向相反的方向偏转。狄拉克预言的正电子被发现了。

当一个电子和一个正电子相遇时，它们会相互湮灭，并将它们所有的静止质量能（总共1.022 MeV）转化为伽马辐射暴发。这个过程是对称的。如果一个高能伽玛射线光子与一个原子碰撞，原子核周围的强电场会导致能量直接转化为物质，这个过程被称为成对产生（图27）。安德森观察到的电子-正电子对即是成对产生事件。

所有的粒子，不仅仅是电子，都有反粒子伙伴，而且不久就发现了其他类型的反粒子，它们总是一对正反粒子中的一个，其中电荷以相等和相反的数量严格守恒。如果一个带负电荷的反质子经过质子附近，电荷就会抵消，留下两个中性粒子，即一个中子和一

---

① 原则上正电子自旋同样有两种取向，这里指作为前者的反物质的那个正电子。——译注

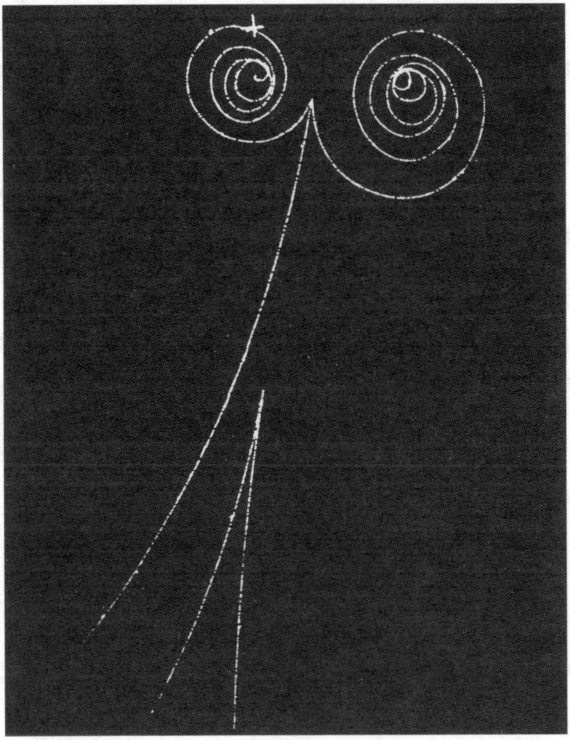

图27　成对产生：物质和反物质是由光子的能量直接产生的。伽玛射线光子从顶部进入，靠近原子核，并产生一个电子（向左旋转）和一个正电子（向右旋转），一个被反冲的原子中的电子向下出现

个反中子。完整的原子，即一个正电子与一个反质子结合形成的反氢原子已经产生了。2017年首次观测到反氢原子的量子跃迁产生的光，并发现其波长与普通的氢的对应跃迁波长相同。

量子场与力

在早期的量子理论中，粒子占据了主要位置，该理论为计算粒子的量子态及其相关能级提供了必要的支撑。然而，这种方法无法解释粒子是如何产生和湮灭的。下一步是将量子力学发展成一个更通用的框架：量子场论（QFT）。QFT把重点放在场上，并假设空间由许多实物粒子场和传递前者间相互作用的"力场"（玻色子场）填充，每一个都以其所处的量子态表征。这里的主要概念是一个无处不在的量子场，其中的粒子（场量子）来自涨落。正如光子是量子化电磁场的场量子，电子是量子化电子场的场量子。

量子电动力学（QED）是第一个成功构建的量子场理论，它描述了光和物质的相互作用。一开始，它被理论难题所困扰。其中最引人注目的是电子与自身电磁场的相互作用，即所谓的电子的自能。来自电子（电场来源）的库仑电势与距离的平方成反比。所以，如果电子的大小为零，那么这个力在粒子的位置上应该是无限大的（1除以0等于无穷大）。因此，电子周围电磁场中的能量应该是无限的，由于能量和质量是等效的，电子的质量也应该是无限的。

令人讨厌的无限大与电子的自能和真空的极化有关。为了使真空极化可视化，想象一下试图通过移除空间中某一区域的所有粒子创造最完美真空的情形。即使你这样做了，海森堡的不确定性原理告诉我们有些东西仍然存在。量子力学允许虚粒子不断地产生和湮灭；真空的能量密度是有限的。所谓的真空实际上是一个沸腾的大锅，充满了一种叫作真空能的能量。围绕着电子的电场中包含着大量的虚粒子组成的沸腾海洋。电子的自能来自其固有电荷或"裸电荷"与这些粒子的相互作用，因此产生额外的能量密度。这种相互作用赋予电子一种叫作电磁质量的东西。

理论物理学家汉斯·贝特用一种叫作重整化的数学技巧绕过了无穷大的问题，即从一个无穷大的量减去另一个无穷大的量，得到一个有限的答案。有些人认为重整化并不能令人满意，但人们发现它在实践中效果很好，并使量子电动力学发展成我们所知道的最精确的物理理论。它面临的第一个考验就是要解释所谓的兰姆位移。威利斯·兰姆观察到一个特殊的氢量子态被劈裂成两个距离很近的能级。兰姆位移是由电子与电场的自相互作用引起的，不能用狄拉克的理论来解释。由理查德·费曼、朱利安·施温格和朝永振一郎于1947年提出的现代QED理论非常精确地预测了这种劈裂。

物理学家也一直在研究强核力和弱核力。核力不同于电磁力和引力，因为它们的作用范围很短，在大约10^{-15}米以下。在原子（10^{-10}米）的尺度上，核力基本上不存在。核力就像维可牢尼龙搭扣：当两块维可牢扣接触时，它们会紧密相连，但当被拉开时，它们之间就不存在任何力。强力也与电荷无关；它以同等强度将原子核中带正电荷的质子和中子结合在一起。回想第五章中两个滑冰的人交换一个重球的类比，以说明力的微观本质。在任何短程力中，媒介粒子必须具有大质量和短寿命，这是不确定性原理的能量-时间形式所要求的。1935年，汤川秀树提出，强力需要交换一个叫作 π 介子的虚粒子。π 介子的质量介于电子和质子的质量之间，属于一种叫作介子的粒子（来自希腊语，意思是

"中间的")。π 介子是不稳定的,在原子核内的寿命很短;但是,当一个原子核被另一个粒子猛烈撞击时,π 介子就会被逐出这个世界,成为真实的短寿命粒子。这些短寿命 π 介子在1947年的宇宙射线粒子的相互作用中被观察到。强力的 π 介子模型是一种近似理论,现在已被下面会说到的夸克理论所取代。

弱核力,或者更恰当地说是弱相互作用,具有更微妙的性质。它产生贝塔放射性,也在太阳燃烧中起着关键作用。一个单独的中子是不稳定的,会在大约十分钟内衰变为一个质子和一个电子。然而,在原子核内部,中子更加稳定,但如果原子具有放射性,中子可以衰变为质子,将原子的化学性质改变为元素周期表中的下一个更高的元素。这个衰变过程伴随着高能电子的发射,即放射性粒子。当首次研究贝塔衰变时,人们发现电子从原子核中"喷出",其能量范围从零到最大值都是连续的。这是有问题的,因为它似乎违反了能量和动量守恒定律。

沃尔夫冈·泡利找到了正确的解决方案,他提出了一种看不见的神秘粒子——中微子(或"小中子"),它与电子一起发射,以平衡能量和动量。在贝塔衰变中,发射的粒子是反中微子;在逆向过程中,质子通过发射正电子和中微子而转化为中子。中微子的质量很小,不带电荷,而且可以穿透到物质的深处。太阳和恒星每秒钟产生数万亿个中微子,但它们与普通物质的相互作用非常微弱,一个中微子可以穿行一光年(10万亿千米)厚的铅,而其间击中原子核的概率仍然只有50%。幸运的是,我们对大量的中微子穿过我们的身体毫无察觉。每秒钟都有十亿个中微子穿过你的指甲。中微子难以捉摸的性质使它直到1957年才在核反应堆的反应中被发现。

根据刚刚对弱相互作用的描述，我们有理由问：为什么它被认为是自然界的四种基本力之一？在寻求理解更深层次的物理现实的过程中，物理学家们常常在寻找自然界中明显不同面貌的共同来源，并因此可以将它们统一。一个例子是麦克斯韦的电场和磁场的统一，正如我们所看到的，它揭示了更基本的电磁场。另一个是狄拉克的狭义相对论与量子力学的统一，这预言了反物质的存在。第三个例子是电磁力和弱核力的统一（电弱相互作用），这是由谢尔登·格拉肖、史蒂文·温伯格和阿布杜斯·萨拉姆在1967年提出的。从本质上说，他们的理论提出，传递电磁力的粒子和传递弱核力的粒子实际上是相同的。它们只是看起来不同，因为传递力的玻色子（W和Z粒子）在弱相互作用中有质量，但在电磁力中，相应的粒子——光子——是无质量的。

弱核力的强度大约只有电磁力的千分之一，但这两种力有许多共同之处。为了理解它们之间的关系，回想一下长程电磁力是由光子携带的，光子没有质量，也不带电荷。这可以与弱力的W和Z粒子载体相比，它们的质量大约是质子质量的100倍，大约相当于银原子的质量。W粒子可以带正电荷也可以带负电荷，而Z粒子是中性的。当一个中子经历放射性贝塔衰变时，它会发射一个带电的玻色子，即负W粒子。在该相互作用中，中子会反冲以保持能量和动量，因此W具有力的载体的关键性质。表2总结了四种基本力的特性。

表2　四种基本力的特性

力	量子(源电荷)	范围(米)	质量(E/c^2,GeV)	相对长度	自然中的例子
强力	胶子(色荷)	10^{-15}	0	1	强子(夸克)
电磁力	光子(电荷)	∞	0	1/100	把电子和原子核结合
弱力	W，Z	10^{-18}	0.08(W)，0.09(Z)	1/100 000	贝塔放射性
引力	引力子(质量)	∞	0	10^{-40}	太阳系、星系

与自然界的其他力不同，W粒子能改变粒子的特性。当一个中子转化为一个质子时，一个单位的负电荷被移除，然后发射的W粒子随后衰变为一个电子和一个中微子。W的短寿命与其较大的质量有关；它是一种范围有限的重玻色子。在电磁的相互作用中，虚光子不带电荷，严格地说，应该被认为是形成中性流。在弱相互作用中，类似的中性流是由中性玻色子Z粒子携带的。这三个玻色子（W^+、W^-和Z^0）被称为中间矢量玻色子。1983年，位于日内瓦的欧洲核子研究中心的超级质子同步加速器直接观测到了W粒子和Z^0粒子。

但仍然缺少一些东西——对质量来源的解释。量子场论预测W粒子和Z粒子应该像光子一样是无质量的。那么W粒子和Z粒子是如何获得大质量的呢？一条主要的线索来自凝聚态理论——超导体中光子的行为。在第六章中，我们看到超导体对外部磁场非常排斥（迈斯纳效应），它试图通过产生超电流来抵消外部磁场，从而将外部磁场完全驱逐出去。超导体的这一性质适用于所有磁场，包括那些与虚光子的量子涨落有关的磁场。当一个虚光子在超导体中出现时，超导体会产生超电流，试图抵消虚光子的波动磁场。结果，光子场被削弱，需要更多的能量来维持波动。这额外的能量赋予虚光子质量，称为有效质量。虚光子在超导体中获得质量。

这个深刻的思想被用来解释W和Z玻色子质量的来源。会不会所有的空间都充满了未知的量子场，就像超导一样，与基本粒子相互作用，从而得到它们的质量？1964年，物理学家彼得·希格斯、罗伯特·布鲁特和弗朗索瓦·恩格勒提出了这样一个量子场——希格斯场，它充满了整个宇宙。如果这是真的，那就意味着我们实际上是生活在一个宇宙超导体中。在这个理论中，所有基本粒子都是无质量的，除非它们通过所谓的希格斯机制与希格斯场相互作用。粗略的物理描述是，粒子通过“粘”在场中获得质量，就好像它们试图穿过厚厚的糖浆移动一样。希格斯场为真空提供了有限的能量密度，由于它在空间中没有偏好的方向，所以它是一个标量场。

通过对称性自发破缺，希格斯机制与电磁力和弱相互作用的统一相关联。回想第三章，当液体结冰，或者当一块铁的温度降至居里温度以下变成磁铁时，对称性是如何被打破的。在非常高的温度和能量下，W和Z粒子不会与希格斯场相互作用，使得它们像光子一样没有质量。但在低温下，对称性被打破，W粒子和Z粒子与希格斯场相互作用，从而获得它们的质量。在电弱相互作用中，“高能”和“低能”会涉及一个大约100 GeV的临界能量，这定义了电弱力的尺度。

希格斯场的量子粒子就是希格斯玻色子。欧洲核子研究中心（CERN）的大型强子对撞机（LHC）于2013年开始的实验，其中一个关键的目标就是寻找这种广受欢迎的粒子。实验中，质子束相互碰撞的总能量为8万亿电子伏特（8 TeV，或8×10^{12} eV）。这些碰撞非常强烈地撞击希格斯场，使它振荡并产生一个场激发的量子：希格斯玻色子。测量到的粒子质量（125 GeV/c^2）与它大约10^{-22}秒的非常短的寿命相一致。希格斯粒子没有被直接观察到，但它的存在可以从它随后衰变成的粒子中明确地推断出来。

夸 克

要研究物质的最小粒子，就需要一台非常强大的显微镜。如果研究对象比原子核还小，就必须用短波长的高能粒子来探测。高能粒子加速器是亚原子世界的显微镜；加速器规模越大，能量就越大，显微镜就越强。

从20世纪40年代到60年代，成百上千种新的亚原子粒子在加速器实验中出现。在这些实验中，高能质子作为靶标被粉碎，产生大量不稳定粒子。这种情况与19世纪的情况类似，当时化学家们面对的是数量多得令人眼花缭乱、性质各异的化学元素。正如理查德·费曼所言，试图弄清所有粒子的意义，“就像把两个怀表撞到一起，然后看着它们的碎片飞出来，从而弄清楚它本身”。到1954年，人们发现了如此多的粒子，以至于费米抱怨说：“如果我能记住所有这些粒子的名字，我就能成为一名植物学家了。”

亚原子粒子分为两大类：强子和轻子。强子（来自希腊语单词，意思是“厚”）与质子和中子有相似之处，它们能感受到强核力、弱相互作用和电磁力。最轻的成员是质子和中子，但大多数强子质量要重得多，它们是具有高能量的短寿命的激发态。强子家族又进一步细分为两种类型：重子和介子。重子这个词的意思是“重的”。轻子（来自希腊语“薄”或“小”）是像电子和中微子一样的粒子，只能受到电磁力和弱力。

物理学家仔细研究了强子家族里的大量数据，寻找可能揭示亚原子世界的分类模式，就像门捷列夫的元素周期表对元素的分类那样深刻。1964年，默里·盖尔曼和乔治·茨威格确实在大量强子中发现了规律，并得出结论，所有的粒子都可以由夸克（带分数电荷的基本粒子）构成。盖尔曼从詹姆斯·乔伊斯的《芬尼根守灵夜》的“向麦克老人三呼夸克”一句话中选择了“夸克”这个名字。

常规物质由两种类型的夸克组成：“上”夸克（u，质量2.3 MeV/c^2）和“下”夸克（d，质量4.8 MeV/c^2）。每一种类型都携带不同的电荷；上夸克携带 + 2/3个电子电荷，下夸克携带−1/3个电子电荷。重子由三个夸克组成，介子由一个夸克-反夸克对组成。一个质子（图28）可以想象为一个很小的球体，直径大约10^{-15}米，包含三个夸克（u，u，d），使它的净电荷为 + 1单位。中子也很相似，它的夸克组分为（u，d，d），使其电荷为零。夸克在核子内以近乎光速的速度运动，相互碰撞并从壁上反弹。粒子家

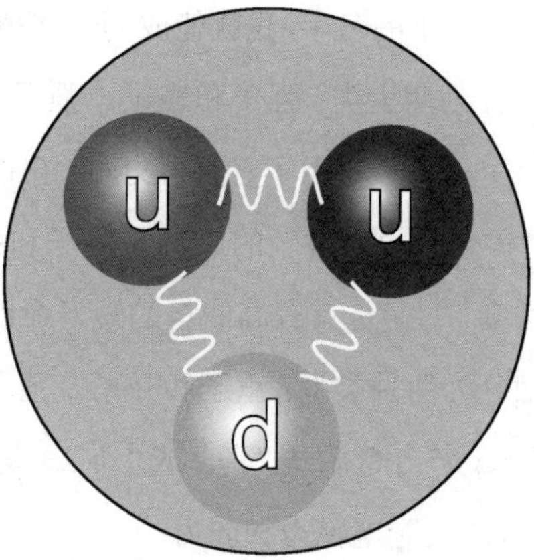

图28　最轻的重子——质子是由三个夸克组成的，含有两个“上”夸克（“蓝色”和“红色”色荷）和一个“下”夸克（“绿色”色荷）。所有三种颜色（在这里表现为颜色深浅的差异）必须同时存在，使粒子无色

族中的所有强子似乎都可以用夸克的各种束缚态来解释。这只是组织强子家族的一种聪明方法还是夸克真的存在？

夸克确实存在的决定性证据来自杰罗姆·弗里德曼、亨利·肯德尔和理查德·泰勒在20世纪60年代和70年代进行的一系列“深度电子散射”实验。他们使用长达3 000米的斯坦福直线加速器（SLAC）用接近光速的电子轰击质子。电子从质子内部快速移动的微小颗粒物体中散射出来。这些微小的物体就是备受瞩目的夸克。

不久，人们发现了其他更大质量的夸克，并以不同的“味”来表示它们的对称性质。有质量为1.3 GeV/c^2的粲夸克（c）、质量为0.95 GeV/c^2的奇夸克（s）和质量为4.2 GeV/c^2的底夸克（b）。1995年，费米实验室的高能对撞机发现了一个质量更重的180 GeV/c^2

的顶夸克（t）。不稳定的重夸克会迅速衰变到质量更低的态。夸克有六种，都是自旋为1/2的费米子。就我们所知，夸克是物质的终极基本粒子。

量子色动力学

在强子中，将三个高能夸克结合在一起需要很强的力。把夸克绑在一起的力的媒介粒子叫作胶子。但三个自旋为1/2的费米子是如何在一个核子中共存的？这显然违反了泡利不相容原理。事实证明，夸克和胶子携带着一种不同的荷，叫作色荷，这是用来度量粒子通过强力进行相互作用的强度。与电荷有正电荷和负电荷两种不同，色荷有三种：红色、绿色和蓝色。相关的色力是强相互作用的基本力。如电磁学中的电荷那样，色荷是一个严格守恒量。重要的是要认识到，这里的颜色名称只是标签，并不表示我们在熟悉的世界中识别到的任何颜色。这些标签只是帮助我们区分不同的量子态，也就是说蓝色上夸克不同于绿色上夸克。这听起来可能有点奇怪，但关键的量子规则是，夸克只形成无色的组合。在强子中，所有三种颜色都必须同时存在。介子是自动无色的，因为色荷和反色荷在夸克-反夸克对中相互抵消了。更复杂的是，夸克也可以变化颜色。胶子本身是有颜色的，因此可以将色荷从一个夸克转移到另一个夸克。

夸克最引人注目的特性之一，是它们永远不会单独出现。“禁闭原理”与夸克和强子内胶子场相互作用的方式有关，并使它们紧紧地束缚在强子内。把事物“捆绑”在一起的概念特别适用于夸克，因为夸克之间的力的定律表现得类似它们是由弹性弦连接起来的。如果你拉伸橡皮筋，越拉伸，所需要的力就越大；但如果不施加力时，橡皮筋是松弛的。夸克之间的力的定律与引力或电磁力的平方反比定律完全相反：夸克之间的距离越远，它们之间的力越大！

色荷之间的相互作用是通过量子场论（量子色动力学或QCD）来描述，由戴维·格罗斯、弗兰克·维尔泽克和戴维·普利策构建的。QCD与QED在一个关键方面有所不同。在电磁学中，两个不带电的光子可以自由地穿过对方，而忽略对方的存在。电波中充满了来自多个电台、电视台和手机信号的电磁信号，所有这些信号都交叉叠加，互不影响。但胶子携带色荷，这意味着它们彼此之间会产生强烈的相互作用，这一特性会产生巨大的影响。如果你足够用力地去撞核子内的一个夸克，它可以被撞出核子一小段距离，但它仍然通过色力与另外两个夸克相连，就像我们说过的，它表现得像强橡皮筋。把夸克拉出来越远，把它拉回来的力就越大，而且，要把它拉得更远，就需要更多的能量。最终由于提供的能量过大，导致橡皮筋断裂。当这种情况发生时，储存在色场“拉伸橡皮筋”中的所有能量都转化为物质和反物质，并形成了夸克-反夸克对。夸克-反夸克对的弦常在粒子加速器实验中产生，被称为粒子喷注。

标准模型

粒子物理学的标准模型（图29）是一项非常伟大的科学成

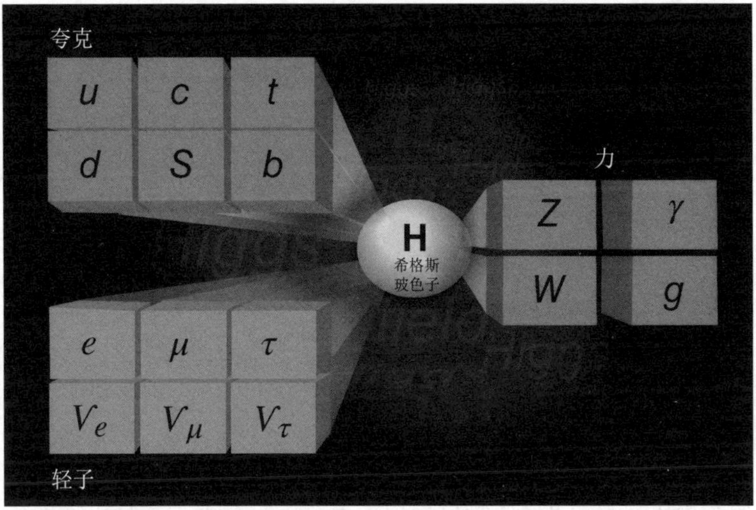

图29　粒子物理学的标准模型是我们所知的构成宇宙的基本物质和力的媒介粒子知识的总和

就，是无数科学家几十年工作的结晶。这个模型已经被实验很好地验证了，并且集合了我们所知道的所有基本物质和力的媒介粒子。建立标准模型的基础是QED、电弱相互作用和QCD。构建正常物质所需的所有基本粒子都在这里：从夸克，到原子核，到原子，到化学，到生命，一直到可观测宇宙。引力不包括在模型中，因为目前还没有可行的量子引力理论。

物质粒子——费米子——在左边，力的媒介粒子——玻色子——在右边，希格斯玻色子在中间。每个费米子都有一个反物质伙伴，他们没有在这里显示。日常生活中所有的物质都是由三种物质粒子组成的，它们占据左边第一列：上夸克和下夸克，以及电子和它的中微子。在向右移动一列时，基本模式重复出现，但这一次包含了粲夸克、奇夸克、μ 子（ μ ）和它的中微子；这组被称为第二代。第二代粒子比第一代粒子质量更重，稳定性更差。这种模式再次重复，将产生第三代质量更重、更不稳定的粒子，其中包括顶夸克和底夸克、τ 轻子（ τ ）以及它的中微子。总的来说，标准模型包含12种物质粒子，由4种传递力的粒子——光子（γ）、胶子（g）、W和Z玻色子——交换所导致的三种力来控制。

在我们关于物质的故事中，从某种意义上说，我们已经到达了我们的目的地：一个真正德谟克利特的世界观，它是以基本的组成部分为基础的：零尺寸的基本粒子。在我们看来，那把将物质切成更小碎片的刀，就再也切不下去了。如果基本粒子真的是零维的点，在自然力的作用下相互作用，我们就会得到一幅不同寻常的图像：物质是空的，而这四种相互作用赋予了它形状和形式。但如果从历史的角度来看，我们不应该相信我们拥有了所有的答案。很多时候，科学家们本以为他们终于达到了终极境界，却发现自然界比他们想象的要微妙得多，而在这背后还有更深层的现象。

尽管标准模型是目前关于物质基本成分最完善的、最全面的理论，但仍有许多未解之谜和明显的遗漏。我们已经注意到图片中没有引力。如果你放开一个苹果，它会落在地球的重力场中。因此，物质确实与引力相互作用，但在标准模型中没有任何东西可以解释这一点。我们知道引力场支持振荡，因为引力波已经从宇宙中的剧烈事件中被探测到。预测的引力场的力的载体是引力子，但这种粒子迄今尚未被探测到。此外，我们也不知道为什么会有12种物质粒子被分成三代。我们也不知道为什么夸克和轻子不同，为什么费米子和玻色子不同。20世纪70年代，有人提出了一种理论，称为超对称性，简称SUSY，通过提出标准模型中的每个粒子都有一个超对称的伙伴，将物质和力紧密地联系起来。每一个费米子都有一个超对称玻色子，反之亦然，因此实际上使粒子数目翻倍。虽然超对称性从理论上解释了物质粒子和传播力的粒子之间的区别，但问题是，如果超对称性粒子确实存在，它们应该已经在大型强子对撞机中被观测到了；但到目前为止，还没有它们的踪迹。

还有更多的问题。基本粒子的质量被认为来自夸克和轻子以及W和Z粒子与希格斯场相互作用的方式。我们不明白为什么这些粒子以这种方式相互作用，从而产生不同的质量。说到质量的起源，显然还有很多东西有待发现。此外，有证据表明，宇宙中物质的数量远比标准模型所能解释的要多。这就是所谓的暗物质和暗能量，这些将在第九章讨论。

质量的起源

关于普通物质最基本的问题之一是：它的质量来自哪里？这和我们刚才看到的基本粒子的质量从哪里来的问题是不同的。我们知道，原子的质量有99.9%存在于原子核中。核子是由夸克组成的，夸克通过胶子场的强色力相互作用。夸克和其他粒子通过与希格斯场的相互作用获得质量。我们会问：三个夸克各自对质子质量的贡献是多少？

质子的静止质量为938.28 MeV/c^2。一个上夸克的质量估计约为2.3 MeV/c^2，一个下夸克的质量约为4.8 MeV/c^2。对于三个夸克，总能量是9.4 MeV/c^2。但这仅仅是质子质量的1%！剩下的99%在哪里？答案来自爱因斯坦的质能方程：$m = E/c^2$，它告诉我们哪里有能量，哪里就有质量。结果是，质子或中子剩余99%的质量相当于胶子色场的能量和夸克的动能。这是大多数普通物质质量的来源——纯粹的能量。

在这一章中，我们观察了物质的全貌，以剥洋葱的方式揭示了构成物质的最基本的最小粒子。少数基本粒子组成了这个世界：夸克、轻子和力的媒介粒子，它们出现在粒子物理学的标准模型中。这些粒子是一些量子场的场量子。基本粒子通过与无处不在的希格斯场相互作用获得质量，但普通物质的质量主要来自核子内夸克和胶子场的能量。

标准模型是科学的一项卓越成就，但它还不完整。在第九章中，我们将看到拼图游戏中缺失的两个神秘部分：暗物质和暗能量。但在此之前，让我们先通过追溯自宇宙大爆炸以来138亿年宇宙的化学历史来看看大尺度物质的情况。

第八章

元素从何而来？

中世纪的研究者们认为，地球是被一个“水晶球”所包围，其中充满了亚里士多德设想出的第五元素——以太。然而，当19世纪的天文学家在望远镜上安装棱镜，并将太阳和其他恒星发出的光分成不同颜色时，他们在光谱中看到了狭窄的原子谱线，它们的波长与实验测得的原子发射光谱相匹配。恒星中的原子与地球上的原子类型相同，人体也由这些原子构成。卡尔·萨根因称人类身上的物质来自恒星而出名。他是正确的。

为了理解化学元素的起源，我们必须追溯到宇宙大爆炸的那一瞬间。20世纪20年代，爱德文·哈勃和米尔顿·赫马森使用当时世界上最大的望远镜——位于加利福尼亚州威尔逊山的100英寸胡克望远镜，测量了星系的距离和径向速度，并将望远镜与分光计结合，首次测得了恒星中的化学元素。正如车辆汽笛声的音调将随着车的远离而逐渐降低一样，来自退行星系中恒星光谱的波长也会发生红移（也可以说红色光移动到了光谱中的红外区域）。通过红移，天文学家可以确定星系的径向后退速度。哈勃定律告诉我们，星系正在以与它和我们的距离成正比的速度远离我们。宇宙正在膨胀，如果我们将宇宙膨胀这部“电影”倒放，很容易可以推断出，“电影”中会有一个宇宙诞生的时刻——138亿年前，所有的星系在某个时刻全部聚集在一个点上。大爆炸时，只有一个体积无限小、温度无限高、密度无限大的“奇点”。

物质的起源

宇宙中所有的物质和能量都诞生于大爆炸。在不到一微秒的宇宙早期，它的能量远大于我们最大的粒子加速器所能产生的能量，因此，我们目前的理论也只能推演到大爆炸的早期，并且这种推演会不可避免地引入不确定性。在物理学中，具有物理意义的最短长度是普朗克长度（10^{-35} 米），在这个尺度以下，关于引力和时空的理论变得无效，量子效应占据主导地位。光传播一个普朗克长度所花的时间被称为普朗克时间（10^{-43} 秒）。这是时间的最小单位，所以我们无法描述宇宙中任何早于普朗克时间的物理状况。

宇宙随着它的膨胀而不断冷却，这种冷却是能量守恒定律的自然结果。在宇宙诞生一微秒后，其温度就已经冷却到了 10^{13} K（或1 GeV），相当于质子所含的全部质能。这一温度极高，使得夸克和胶子无法结合在一起形成核子。因此，宇宙将由奇特的夸克胶子等离子体或“夸克汤”组成，它就像一个装满了夸克、胶子和光子的炽热“大锅”，由于内部能量太大，这些粒子无法结合在一起。人们认为，这是宇宙历史中自由夸克的唯一一次出现。

在宇宙刚诞生的极端环境下，物质和能量可以自由互换。物质和反物质遵循相同的物理定律，因此，若宇宙中的物质和反物质被完全等量地产生和湮灭，我们就会有一个只充满辐射而没有物质的宇宙。然而，迄今为止，我们可以观察到，宇宙中每存在一个质子或中子就存在约100亿个光子，这被称为重子生成问题。因此人们便想知道：反物质在哪里？或许存在由反物质构成的一整个星系。反星系必须与正常星系“隔离”，否则，星系-反星系将共同湮灭在巨大的伽马射线爆发中。人们如今还从未探测到如此巨大的爆炸。我们相信，构成可观测宇宙的10^{80}个粒子是质子而不是反质子，它们是由大量的夸克-反夸克对湮灭（据推测，这些湮灭发生在宇宙诞生早期）后残留的夸克构成的。俄罗斯物理学家安德烈·萨哈罗夫提出了重子生成问题的解决方案：在早期宇宙中，每形成100亿个反夸克，就有相应的100亿加一个夸克形成，从而留下的物质多于反物质的总数。这个模型要求物理定律产生一个极小的偏差，从而能保证物质的形成。

这种偏差从何而来？物理定律中的轻微不对称可能与一种被称为宇称的对称性（P-对称性）被破坏有关，即世界及其镜像无法被自然界区分。它们都包含在标准模型中，与弱核相互作用有关。1956年，美籍华裔物理学家吴建雄在李政道和杨振宁的建议下，用实验测量了放射性钴-60核贝塔衰变后的自旋磁矩。通过观察，她发现原子核从核南极射出的电子比从核北极射出的多。这是一个十分惊喜的发现，它证明了原子核的两极之间存在着绝对的差异，这种不对称性被称为“宇称不守恒”。

物理定律中的另一个对称性是电荷共轭对称性（C-对称性）。这是一种变换，如果粒子与其反粒子发生交换，那么所有电荷的符号都会改变。除弱相互作用外，所有的力都服从这一定律，因为弱相互作用违反了C-对称性。实验表明，一种首先出现在宇宙射线中被称为“kaon”的K介子，衰变为成对的 π 介子，但在这一弱相互作用过程中，联合的CP对称性会被破坏。K介子在衰变中存在一种产生更多正电子而非电子的小趋势，这些实验表明自然界有一种内在的“手性”。

在早期宇宙中，大量的夸克和反夸克湮灭，电磁辐射随之产生，并随着宇宙的膨胀而冷却。这种余辉辐射的波长因宇宙的膨胀而变长，现在，可以观测到的是散布在整个宇宙中的2.7 K的宇宙微波背景（CMB）辐射（图30）。

随着宇宙的膨胀，温度下降到10^{13} K（1 GeV）以下，这在能量上有利于夸克凝聚成质子和中子。宇宙诞生三分钟时，温度已降至10^{9} K（100 keV），此时可能会发生第一次核反应，并能合成一

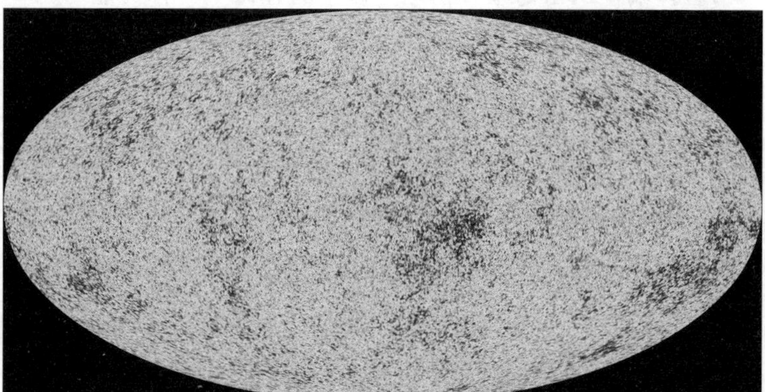

图30　宇宙微波背景辐射的全景图，大爆炸的余晖，展示了初生的宇宙。暗斑是由于温度涨落产生的。这张图片为早期物质大尺度分布提供了信息

些轻元素。氘、氦-3、氦-4和锂-7的原子核就是在这个时期形成的，这种反应被称为大爆炸核合成。在这一时期，温度很高，足以让核反应将相当一部分质子聚变为氦，但没有足够的时间去合成许多较重的核。因此，之后会在恒星中进一步合成的原始物质在这时被“锁定”，导致了此时宇宙中的物质成分为75%的氢、25%的氦和痕量其他轻元素。

然而，这一时期的宇宙温度仍然太高，不能产生中性原子，宇宙继续以等离子体的形式膨胀，在此过程中，自由电子将散射大量光子。对于一个嵌入其中的假想观察者来说，宇宙看起来就像一团浓雾。三十八万年后，温度已经下降到3 000 K左右，电子可以与原子核结合形成稳定的原子，浓雾也将在这一时刻逐渐消失（“重组”）。自那时起，光子不再与物质强耦合，可以在宇宙中自由穿梭。从雾边缘（“最后散射面”）冒出的光子，是人类目前可以通过望远镜观测到的最古老的宇宙微波背景辐射。这些古老光子携带有关宇宙演化在那个阶段的宇宙物理条件的信息，表明第一批大规模物质聚集体已经开始形成。图30所示的宇宙微波背景温度涨落很小，仅为我们观测到的平均温度（2.7 K）的十万分之一。随后宇宙继续膨胀，密度涨落随之增长，将原始物质集中到恒星、星系、星系团和超星系团中。

物质熔炉

到了大约五亿年前，气体的密度涨落逐渐演变为可以分辨的云团，不再随宇宙膨胀，并开始在自身重力作用下坍缩。在一个被称为黑暗时代的无星时期，云团分裂成更小的团块。气体积聚成恒星的核，并在压缩中不断变热（就像自行车打气筒中的空气被压缩变热一样），形成了首批恒星。起初，热原子向太空辐射热量，但随着密度增加，能量被限制在内部，并形成热压来抵消重力向内的拉动。

在这一阶段，一颗初生恒星具有稳定的质量和大小，被称为原恒星。当原恒星的核心温度达到质子间发生聚变反应所需的温度（约1 500万度）时，氢开始燃烧并释放能量，这些能量通过光子传输到恒星表面，并辐射到太空。恒星的温度随着质量的增加而急剧升高。第一批恒星质量大、温度高，它们发出强烈的紫外线，使周围气体电离，这个时期被称为再电离时期。今天，在活跃恒星形成区域（比如银河系中的猎户座星云），围绕新生恒星的星际气体的电离仍在继续。

随着首批恒星的出现，化学元素产生的第二阶段——恒星核合成——也随之开始。为了探究恒星核合成是如何进行的，我们首先需要了解一个与原子核稳定性有关的基本概念。考虑不同大小的原子核的稳定性。在一个包含几个核子的小原子核中，大部分粒子位于核表面，它们依靠类似于魔术贴一样的短程强相互作用力，与相邻核子紧密地挨在一起。然而，由于表面上的核子只受到向心的结合力，因此它们相对更容易从原子核中“蒸发”。这就是为什么非常小的原子核不是最稳定的。在另一个极端，对于一个含有许多质子的大原子核，内部会有强静电斥力，试图将原子核分开。最重的元素往往具有自发的放射性。大原子核（如铀）较为不稳定，它可以从核内将一个阿尔法粒子推出（阿尔法放射性的起源），去除两个单位的正电荷，从而变得更加稳定。

原子核的稳定性可以用每核子的结合能图来描述（图31）。结合能曲线呈“U”形，在曲线的最低点处可以找到最稳定的中等质量核（如含有56个质子和30个中子的铁）。当我们尝试将核子从元素中的原子核移走时会发现，处于图中较高位置的元素所需的能量比较低位置的元素要少。因此，图中较高位置的原子核不如较低位置的原子核稳定。轻元素氘、氚（含有一个质子和两个中子的氢同位素）、氦-3、氦-4处于图片左侧的较高位置，不稳定的重原子核（如铀）在最低点的右上方。能够产生能量的核

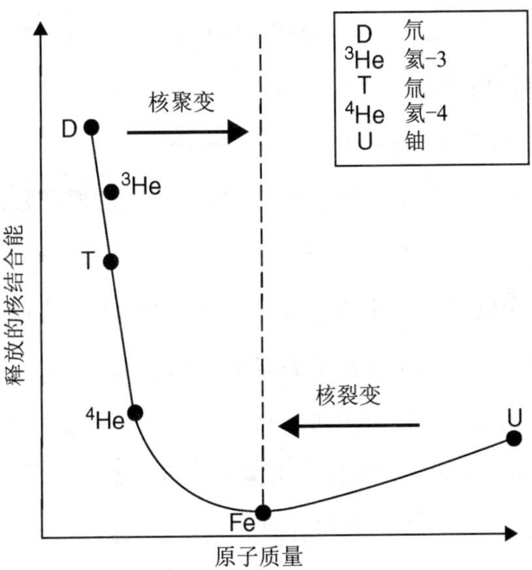

图31　不同原子核的每核子的结合能曲线。产生能量的核反应会朝着曲线底部最稳定的铁原子核方向进行

反应可以朝着两个不同方向进行，但总是趋向于形成更稳定的元素。核聚变反应使轻核聚合为重核，而核裂变反应则是将重核分裂成更小的原子核。

恒星中的核反应是热核聚变反应，在这一反应中，轻元素聚合在一起形成重元素，并释放能量。恒星有两个主要部分，一部分是发生核聚变的热核，另一部分是形成了厚的覆盖层的低密度外壳，这也是恒星的可见部分。当两个原子核在恒星的核心聚变时，两个原子核必须彼此靠得十分紧密，才能被强大的核力捕获。但是，由于原子核均带正电，它们必须首先克服相互的静电斥力，这也就意味着它们必须具有高能量和高温。两个质子之间的反应是最容易的，它们结合后产生氘，这是生成氦的所谓的*p-p*链聚变反应的第一步。*p-p*链产生的能量可以为像太阳这样质量相对较低的恒星提供能量。

较重的元素以“搭积木”的方式被构建——氦原子核（阿尔法粒子）作为稳定的单元发生聚变，形成更大的原子核。当这一过程的理论第一次被提出时，人们发现了一个问题：元素构建的第一步——两个阿尔法粒子的融合——似乎永远无法完成。两个阿尔法粒子会产生出一个不稳定的原子核（铍-8），它会在第三个阿尔法粒子加入之前迅速衰变掉。自然界中没有质量为8的稳定原子核。1953年，英国天文学家弗雷德·霍伊尔做出了预言，该系列中的下一个元素碳-12一定有所谓的激发态共振。如果你们曾经看过歌手用声音将酒杯震碎，那么或许会对共振的概念有所体会。在共振频率下，玻璃杯通过不断增长的交感振荡吸收能量，直到杯壁材料断裂。在恒星中，碳-12原子核的共振会极大地提高在铍-8衰变前形成碳-12的可能性。实验学家在霍伊尔的敦促下去寻找这一共振态，在他预言的能量处发现了这一共振态。碳产生于温度为一亿度的恒星中，三个阿尔法粒子聚变合成碳-12的激发态，这就是所谓的“三重阿尔法”过程。

若想通过核聚变产生更大的原子核，需要更高的温度来克服它们更强的静电斥力。例如，在恒星的碳燃烧阶段，两个碳原子核（每个核有六个质子）必定会聚变，而在氧燃烧阶段中，每个原子核有八个质子。一颗约比太阳质量大20倍的恒星，其核心温度可以达到数十亿度，这足以合成一直到镍的这些元素。这种恒星的热核被由氢和氦构成的外壳包裹着。恒星的结构像是一层层的洋葱，从相对较冷的外表面到较热的内核，其温度不断升高，每一层会发生不同的核反应。氦在较冷的外壳层中燃烧，产生碳和氧；碳和氧在下一个更热的壳层中燃烧，产生氖和镁；然后是硫和硅，硅在高温内核中燃烧产生镍。每一层核聚变的产物都会进入更内部的壳层，恒星也在消耗燃料的过程中不断演化。

总结如下：恒星能够发光，是因为位于结合能曲线较高位置的轻元素，通过聚变产生位于曲线较低位置的中等质量元素，并释放出能量。当恒星消耗掉所有容易产生的聚变能燃料后，它开始通过燃烧硅生成镍，从该过程中所获得的能量非常少，这是因为这两种元素都位于最低点附近。因此，最终的硅的燃烧阶段很快，只持续几天，镍就会衰变形成一个铁质的恒星的核。在元素周期表中，铁族元素的原子核结合得最紧密。如果想利用铁制造其他元素，就需要向其提供能量，但是无法通过热核反应来实现这一点。在恒星内部，铁是元素合成的终点。那么大家便会问：比铁重的元素是如何产生的？

恒星的死亡

当恒星耗尽燃料时，曾经使其膨胀的热压消失，而不可阻挡的引力向内拉动使其坍缩。恒星的命运大致可以分为三种：像太阳这样的低质量恒星会坍缩成白矮星，中等质量的恒星会形成中子星，如果质量足够高，物质会被压缩成最致密的形式——黑洞。

在白矮星中，一个新的压力源——电子简并压力，将会阻止引力导致的进一步坍缩。根据不确定性原理，当电子被压缩成小体积时，电子具有的高能量将会产生这种量子力学压力。白矮星中物质的密度大约是水的100万倍。然而，电子能够提供的简并压力并不是无限的，如果坍缩恒星的质量大于被称为钱德拉塞卡质量（约1.4倍太阳质量）的临界质量，那么电子简并压力将不能阻止进一步的坍缩。

当一颗20倍太阳质量的铁核恒星耗尽燃料时，钱德拉塞卡极限被超越，电子简并压力无法抵抗巨大的引力，核内部压力骤降，铁核开始坍缩，并释放出巨大的引力势能，然后内爆，坍缩的速度在一秒内速度达到光速的三分之一。温度急剧上升，铁原子核分裂成它们的组分核子，电子和质子通过弱相互作用合并形成富含中子的物质。如果质子的质量仍然较大，那么电斥力将会非常大。

突然间，一些不寻常的事情发生了。另一个新的压力源——中子的量子简并压力，及时出现并阻止了恒星的坍缩。在不知道恒星核中发生了什么的情况下，恒星的其余部分继续急速向内移动。当其外层撞击到现在稳定的核心时，会发生剧烈的反弹，并发出强大的冲击波。一场宇宙中最为剧烈的爆炸之一发生，它将富含各种元素的恒星外壳抛向太空，一颗超新星也随之诞生。

超新星是一种核爆炸，它的能量是人造氢弹的10^{27}倍，亮度是太阳的10亿倍，并且几个月内将比它所在的星系还要亮。膨胀的冲击波包含大量的恒星物质，包括中等质量的元素和尘埃颗粒，它们都浸没在高速中子流中。中子被冲击波中的原子核迅速吸收，并在此过程中通过贝塔衰变转化为质子，将原子核转化为从铅到铀的各类元素。

富含中子的恒星内核注定会演化为我们所知道的最奇异的物质形态之一——中子星。实际上，中子星是一个由引力连接在一起的巨大原子核，一个体积为普通城市大小的中子星，重量约为太阳的两倍。一茶匙中子星物质的质量是10亿吨，相当于珠穆朗玛峰。

恒星和形成它们的稀薄星际介质中的气体云之间存在共生关系。在它们的死亡阵痛之后，恒星会将重元素注入介质中，以丰富原始气体，然后这些气体混合物重新开始循环，形成新的恒星。太阳和太阳系有四十五亿年的历史，它们由至少一代的早期恒星物质组成，这些恒星在太阳和太阳系形成之前的数十亿年就已燃烧殆尽。我们熟悉的世界上的元素——构成生命的碳、我们呼吸的氧气以及用来建造汽车的铁——都来自那些恒星。

在我们的银河系中，大约每个世纪都会出现一次超新星爆炸。1054年7月4日，中国天文学家记录了一颗“客星”在天空中的位置，于是当现代天文学家朝同一方向观测时，他们发现了蟹状星云（图32）。星云中的气体细丝向外冲向太空，如果反演细丝的运动，我们就可以判定它们都源于同一个位置，即1054年的超新星爆炸。这就是超新星在一千年后的样子。

图32　蟹状星云是1054年恒星爆炸的残骸

炼金术士的梦想实现了

超新星坍缩后的中子星残骸快速旋转，拖拽着它绕圈的是一个巨大的磁场。这种星体可以成为脉冲星，能发射扫过四周的电磁辐射束，就像灯塔的光束一样。每当脉冲星的光束扫过地球方向时，会产生一系列像时钟一样的精确计时的脉冲。蟹状星云就是一颗每秒发射30次脉冲信号的脉冲星。

第一颗双脉冲星于1974年被发现，它由两颗中子星组成，两个星体紧紧围绕着共同质心运行。这个系统非常有趣，因为它允许在强引力场和高度坍缩物体附近的弯曲时空中检验广义相对论。这两个旋转的星体使它们周围的空间扭曲，在时空中产生涟漪，引力波以光速带走能量。这两颗恒星正逐渐稳定地失去能量，随着它们越来越靠近，它们围绕共同质心旋转的速度也越来越快。自发现以来，双星系统的轨道周期缩短了约一分钟，因为它们的旋转动能被转化为辐射能（绕太阳运动的地球也会因引力辐射而损失能量，但幸运的是，它的能量损失速率小到无法测量）。经过一个快速的“旋进”阶段后，双中子星最终将以灾难性的方式并合，这将猛烈地扭曲时空结构，并释放出强大的引力波能量脉冲。

2015年，来自双黑洞并合的引力波被首次探测到。天文学家也一直期待探测到两颗中子星碰撞和并合时发出的引力波，因此在2017年8月17日，两个位于美国（LIGO）和一个位于意大利比萨（VIRGO）的引力波观测站，探测到了因两颗中子星并合而产生的引力辐射爆发（这一事件被称为GW170817），这一事件终于让科学家们的耐心得到了回报。通过这三个地点接收到宇宙信号的时间，物理学家能够通过三角测量精确计算这一事件发生的位置，并发现美国国家航空航天局费米太空望远镜在1.7秒后记录的明亮伽马射线闪光与这一事件相关联。GW170817的发现使得天文学界警醒起来，100个天文小组开始行动，寻找与这一事件相关的光学对应体。在1.3亿光年外的星系中发现了这一位置。在接下来的几周里，天文台检测到了X射线、紫外线、可见光、红外光和无线电波长的电磁辐射。

中子星的并合不仅能产生引力波，它们还能以高达一半光速的速度喷出炽热而致密的物块。膨胀的碎片云形成了一个火球，质子和中子在火球中迅速结合成重核。这些重核进一步捕获更多的中子，从而变得不稳定，并具有高放射性。原子核中的中子通过缓慢的贝塔衰变过程转化为质子，并释放能量照亮火球。火球散布到太空中，携带着丰富的元素周期表中一些最重元素的混合物。碰撞后产生的星体被称为千新星，这是一个明亮的瞬态事件，其亮度不如超新星，但仍比太阳高1 000万倍。

科学家使用位于智利的甚大望远镜，通过分析这些元素的光谱，发现了重稀土元素（镧系元素）的特征谱线。这证明，元素周期表中的重元素（从铌到铀的元素）是在中子星的并合过程中产生的。据估计，在GW170817事件中，约有比地球质量重几倍的黄金和铂被喷射到太空，远超炼金术士最疯狂的梦想！

2017年千新星的发现，是人们有史以来首次探测到两颗碰撞的中子星，也是首次同时观测到引力波和电磁波的天文事件。它标志着一种新天文学时代——多信使天文学的到来。在这场发生在1.3亿年前的事件中，其产生的引力波和电磁波几乎同时到达地球本身就非同寻常，它意味着引力波和电磁波的传播速度相差不超过$1/10^{15}$，这一结论与爱因斯坦相对论的预言一致。

总之，自然界中化学元素形成于三个关键过程中。轻元素在宇宙大爆炸中合成，中等质量元素是（现在仍然是）在恒星内部锻造的，重元素是（现在仍然是）在剧烈的恒星爆炸和大灾难事件中产生的。构成你我的元素是在恒星的生与死中产生的，在太阳系诞生前，这些恒星已存在了数十亿年。而我们体内的氢原子，更是可以追溯到宇宙大爆炸本身。

在第九章中，我们将研究在宇宙中占主导地位的两种神秘物质：暗物质和暗能量。

第九章

暗物质和暗能量

当我们拿望远镜观察深空时，我们会看到一个充满上千亿星系的宇宙。每个星系都包含约一万亿颗恒星，并且许多星系与银河系相似，有着旋转圆盘的形态。从小行星到可观测宇宙，这些大尺度的物质都由一种力控制：引力。

引力是自然界四种基本力中最弱的一种。但也正是由于这种力，我们的脚可以牢牢地站在地面上，行星可以围绕太阳运行，数万亿恒星可以围绕它们所在的星系旋转。牛顿的万有引力定律可以精确地描述行星的运动。牛顿在提出这一定律时，产生了一个绝妙的想法，他认为使得苹果落地的力和牵引月球做圆周运动的力本质上是一样的，它们都是地球的引力。对于月球来说，它离地球的距离越远，引力的强度就越小。他设想，若在高山上有一门大炮，有人沿着水平方向以逐渐增大的速度开火，炮弹落地的位置将会越来越远，当炮弹的速度足够快时，它不再落地，而是以一定高度环绕地球运动，成为一颗卫星。

牛顿的思想实验告诉我们，卫星的速度和高度与其所环绕的中心天体质量有关。例如，中心天体的质量较大时，卫星若想保持轨道运动，其速度必须足够大，才能使向外的离心力和向内的引力保持平衡。测量星系中恒星的轨道半径和轨道速度，是天文学家用来测量星系质量的基本方法。

圆盘状星系中的恒星围绕中心运行，它们的速度与轨道半径有关。如果一个星系的引力质量集中在其中心，那么中心处的恒星密度通常会很高，圆盘外部的恒星转速将会随着轨道半径的增加而降低。在太阳系中，引力随着距离的增加而减弱，因此我们可以在太阳系的行星上观察到这种转速降低的现象。20世纪70年代，美国天文学家薇拉·鲁宾测量了附近星系圆盘的旋转速度，但她发现，与理论预测相反，旋转速度不是随着距离的增加而减小，而是保持不变。与星系包含的可见物质相比，星系的转速极快。薇拉·鲁宾计算后发现，星系的质量大约是其包含的恒星和气体总质量的五倍。

在20世纪30年代，瑞士天文学家弗里茨·兹威基在测量聚集在星系团中的星系运动时，得到了类似的结论。他发现，在包含1 000个星系的后发座星系团中，与基于可见物质质量的理论速度相比，星系团外部星系的实际运动速度要快得多。这表明星系团是被看不见的引力质量（他称之为暗物质）结合在一起的。因此，可以认为，星系和星系团中的大部分质量来自不可见物质，它们分布在星系的巨大晕中，包裹着可见物质。这种所谓的“缺失质量”可以通过其与正常物质的引力相互作用证明它们的存在，但并不会以任何方式发出或反射光线。

鲁宾和兹威基使用的测量星系质量的方法是基于牛顿的万有引力定律。但是，正如我们在第四章中看到的，爱因斯坦在他的广义相对论中表明，质量可以使空间弯曲，而这些弯曲的空间不仅可以影响物质的运动，也可以使光线发生弯曲。这种由引力导致的光线弯曲现象，可以为测量大型天体的质量提供一种强有力的方法。

现在到达地球的光线，是最遥远星系的恒星中的原子在数十亿年前发出的。在漫长的旅程中，光需要经过数十亿光年的遥远距离。如果在它途经的某个地方，存在一个大质量天体，环绕这一天体的空间会发生弯曲，那么光线也会弯曲，并且被分成不同的轨迹，这与光线从空气进入透明介质（如水或放大镜的玻璃）时发生弯折的情况类似。由此人们想到，可以利用这种光弯曲的现象（称为引力透镜效应）来测量空间中存在的质量以及质量的分布。在引力透镜中，由于光无法分辨空间的弯曲是由暗物质引起的，还是由恒星和星系中的其他物质引起的，所以我们只关心空间的曲率。

为了使引力透镜的工作原理更加直观，可以参考图33，它展示了从水面垂直向下观察时，游泳池底部的马赛克地砖的形态。水面上的波纹像是折射透镜，使得代表着遥远背景星系的瓷砖变得扭曲。我们可以把宇宙中与质量密度相关的空间曲率看作水面的波纹。当水面静止时，没有水波，瓷砖图案看起来很规则，这相当于一个没有物质存在的空宇宙。如果水面轻微起伏，网格图案会出现微弱的扭曲，这种情况对应于微弱的透镜效应，类似于宇宙中只存在小质量物质。较大的涟漪会使瓷砖发生更严重的扭曲，将瓷砖图案分割为多个，这对应于强透镜效应，说明宇宙中

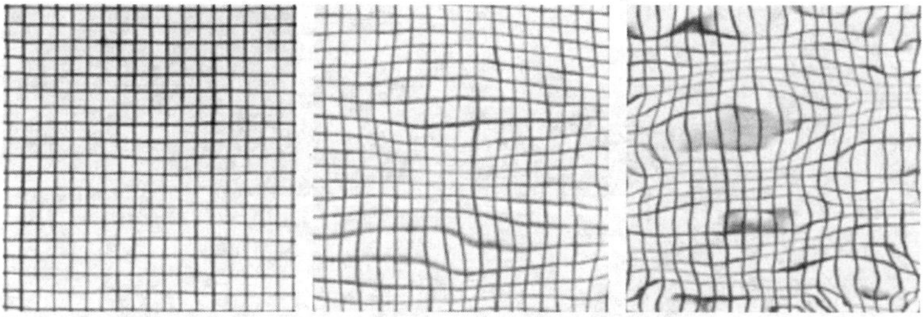

图33　可以用游泳池中的水波比喻引力透镜效应。当水面静止时（左）、有轻微波纹时（中）和有强烈波纹时（右），游泳池底部马赛克瓷砖的形态

有更大质量的物质存在。

质量较大的星体（如星系团）可以使空间产生较大的弯曲，产生强大的引力透镜效应，从而将其背景星系的图像弯曲成长长的光弧（图34）。弱引力透镜效应更为常见，顾名思义，是一种不太引人注目的效应，它仅能使背景星系的图像产生微弱的形变。在这种情况下，有关透镜质量的信息仍然可以通过对许多背景星系形状畸变的统计分析得出，我们看到这些背景星系时的视线会经过透镜附近。就如同游泳池的类比，我们可以通过瓷砖图案的形变程度，分析得出水中波纹的大小。

近年来，由于引力透镜效应可以反映宇宙中物质数量和分布信息，它被广泛运用于现代天文技术，特别是新一代专用望远镜中。哈勃望远镜已经观测到了引力透镜效应，但也仅在几平方度的小块天空中观测到。为了估算宇宙中暗物质的量，我们需要观测更大的空间。欧洲航天局的欧几里得望远镜就是为实现这一目标而设计的，它计划于2020年被发射进太空。

图34　笑脸：由较近星系团的质量引起的引力透镜效应，它使得遥远星系的形态产生了弧形弯曲，较近星系团中的两个大星系构成了这张脸的“眼睛”

什么是暗物质?

答案很简单，没有人知道。目前，我们更清楚什么不是暗物质。对于暗物质是什么，人们有两个主要猜想。其一，它只是普通物质，但几乎不会吸收或发射光。这样来说，它可能属于晕族大质量致密天体（MACHO），包括未成形的低质量恒星（或褐矮星）、木星大小的行星、白矮星以及如中子星这样的致密天体。大多数这些可能性的问题是，由于MACHO是由普通物质构成的，所以MACHO会吸收和发射电磁波——也就是他们应该以不同的波长“微微发光”。观察结果似乎排除了以这种方式微微发光的物体。

暗物质的第二种且主要的可能性是，它是一种奇特的亚原子粒子，被称为弱相互作用大质量粒子（WIMP）。WIMP可能在宇宙大爆炸中与夸克和电磁辐射共同产生。WIMP必须很重（介于1到1 000个质子质量之间），并且至少要在宇宙的年龄内保持稳定，还只能与粒子物理学标准模型下的粒子发生弱相互作用。目前，标准模型中还没有满足这些特性的粒子。其他可能的WIMP选项包括自然存在的超对称性粒子。标准模型粒子的最轻的超伙伴——假设的超中微子——是暗物质粒子的可能候选者。虽然人们认为中微子的质量非常小，只有电子质量的百万分之一，但它也被看作可能的WIMP的候选者。中微子属于“热”暗物质的范畴，这意味着它们的运动速度接近光速。

暗物质的总量大约是我们所知的普通物质总量的六倍，这一事实意味着，在早期宇宙中暗物质在控制星系和星系团的大尺度结构的生长中起到了关键作用。在非常大的尺度上，宇宙是平滑而均匀的，但在星系和星系团的尺度上，它是“块状的”。为了解释我们现在从局部宇宙中观察到的结构，科学家利用计算机模拟，研究了暗物质在这些结构形成过程中所起的作用。这些模拟能够成功再现我们观测到的结构的性质，但这些都是基于引力由

“冷”暗物质（CDM）提供的。CDM中的“冷”意味着暗物质的速度比光速小得多，并且由于它是“暗”的，所以不能通过发射光子来冷却。热暗物质往往会使小尺度结构变得过于平滑，再加上中微子的质量很小，这两个性质似乎就排除了中微子作为WIMP的可能性。

人们预测，位于银河系光晕中的暗物质粒子会不断地在星系盘中流动，并可以穿越太阳系。如果是这样的话，当它们撞击地球时，我们就有可能直接探测到它们。如果暗物质粒子和普通物质粒子之间存在弱的非引力相互作用，那么暗物质粒子就有很小的可能性与普通物质的核相碰撞，我们可以借此寻找它们。假如暗物质粒子可以与重原子核发生相互作用，便有可能产生光子。为了寻找这一现象，科学家建立了一个大型的地下氙实验（LUX）装置，这一装置由一个大型液态氙储罐和其周围环绕的一排高灵敏度光电倍增管探测器组成。LUX位于南达科他州霍姆斯特克金矿地下1 500米处，其深度足以阻挡虚假的暗物质粒子。据估计，WIMP撞击氙核的可能性很低，因此，迄今为止这一仪器还没有重大发现。

暗能量

在1916年提出了广义相对论之后，爱因斯坦进一步将这一理论应用于宇宙学中。当时，人们认为宇宙是静止的，这便产生了一个问题：如果用高质量的物质填充一个模型宇宙，然后放手，这些具有质量的物质在它们的引力作用下会相互吸引，宇宙也就不能保持静止。爱因斯坦试图通过在他的方程中加入一个斥力项来纠正这一点，这个斥力项称为宇宙学常数，通常用希腊字母 Λ 表示。我们可以把 Λ 项看作一种能够扭曲时空并与重力相抵的力，它能产生使物体分离的效应。

然而，在爱因斯坦提出宇宙学模型的几年内，哈勃就宣布了他的发现——宇宙不是静止的，而是正在膨胀的。没有 Λ 项的爱因斯坦原始方程可以解释宇宙的膨胀现象。听闻哈勃的发现后，爱因斯坦众所周知地放弃了他的宇宙常数理论，并说："这是我一生中最大的错误。"但是，正如我们将要看到的，有新的证据表明，爱因斯坦的自我否定可能为时过早。

宇宙到底是会永远膨胀，还是会从某天开始收缩直至大"坍缩"？宇宙的最终命运，是由大爆炸膨胀的动能和宇宙中所有物质的引力势能之间的竞争决定的。星系的分离速度与膨胀动能有关，其方向与物质的引力相反。如果物质密度太小，其引力很弱，便无法阻止宇宙一直膨胀下去。如果密度太大，那么最终膨胀将停止，宇宙开始收缩，最终以"大坍缩"结束。如果密度恰好处于一个临界值，宇宙会永远向外膨胀，空间将有一个"平坦"的几何结构。这种临界密度非常小，可以等价于每立方米大约含有五个氢原子（相比之下，一杯水中大约有 10^{25} 个氢原子）。有证据表面，宇宙的平均密度或许与临界密度非常接近。

在20世纪90年代，两个天文学研究小组试图在超远距离尺度上通过尽可能精细地确定哈勃膨胀来测量宇宙的几何结构。他们在遥远的星系中观察到一种亮度极高的恒星爆炸现象，并称它为1a型超新星。科学家们十分重视1a型超新星的发现，因为他们认为这类星体产生的光能是相同的，因此它们可以在测距中被当作“标准蜡烛”（通过直接测量其与已知标准蜡烛的亮度，可以根据平方反比定律推断地球与“蜡烛”的距离）。

天文学家发现，距离最远的超新星亮度比我们预期的要微弱得多。这一现象的结论令人惊讶：光所经过的空间比预期的要大，因此超新星与地球间的距离也比预测结果更远。它意味着宇宙正在加速膨胀，但这并不是一个充满存在引力的质量体的宇宙应有的现象。就好像你把一个球竖直抛向空中，本应该减速的球突然加速向高空飞去，这该多么令人惊讶。

爱因斯坦提出的 Λ 项刚好能解释宇宙膨胀的加速度，它所产生的宇宙排斥力被称为暗能量。暗能量是一种充满宇宙的未知能量形式，其密度是恒定的，这意味着宇宙体积随着膨胀不断增加，暗能量总量也会随着膨胀而增加。这是一个与众不同的概念。人们认为暗能量在整个宇宙中平稳传播，其质能密度很小。例如，在一个地球的体积下，暗能量的质量当量是一克的百万分之一。科学家对此十分疑惑，它的质能密度为什么这么小？我们知道，真空中会有一种潜在能量密度，被称为真空能，它与在量子尺度上虚粒子的涨落有关。然而，量子真空能量密度比预测的暗能量密度少了 10^{120} 倍，因此，暗能量到底是什么仍然是一个巨大的谜。在非常早期的宇宙中，暗能量的影响会被当时能量密度更高的物质和辐射所掩盖。但是，随着宇宙的膨胀，暗能量的影响变得更加显著，因此它只对过去六十亿年中宇宙的膨胀速度产生了影响。

将它们作一个总结

所有的天文观测都被纳入了宇宙学的标准模型——Λ-CDM模型（含宇宙常数的冷暗物质模型），该模型基于爱因斯坦的广义相对论建立，认为宇宙中存在大量冷暗物质和一个宇宙学常数。该模型解释了宇宙大爆炸中轻元素的原始丰度、不同角度下宇宙微波背景辐射的初始密度涨落、星系分布的大尺度结构，以及宇宙膨胀的加速度。该模型最大的约束之一是宇宙微波背景辐射的波动频谱（图30）。基于Λ-CDM模型与以上约束吻合，人们可以算得宇宙的年龄为一百三十八亿年，平坦空间的平均密度为临界密度，物质质能成分的组合被严格限制，这些都与观测结果相符合。宇宙的质量-能量组合由70%的暗能量、25%的冷暗物质和5%的正常物质（包括我们熟悉的原子、夸克、胶子和轻子）组成。宇宙微波背景辐射中的光子和中微子对能量密度的贡献度很小。

一个严峻的现实是，构成生物体的原子、分子等普通物质，即生物学、化学、材料科学、工程学和大部分天体物理学所研究的物质，仅占人类已知宇宙物质的不到二十分之一。因此，人类认知中的普通物质仅仅是宇宙物质的“杂质”。然而一个惊人而令人羞愧的事实是，我们却并不知道宇宙中的大部分物质是什么。

为了结束这个关于物质的故事，我们需要再回顾一下第二章结尾处费曼的那句话——我们需要让下一代知道的最重要的事情是，所有的东西都是由原子组成的。自1970年他写下这些文字以来，天文学的巨大进步使人们发现了未知却占主导地位的物质形态——暗物质和暗能量。而找出这些神秘的物质究竟是什么，是未来科学家需要面临的巨大挑战。

译名对照表

A

aether 以太
allotrope 同素异形体
alpha particle 阿尔法粒子
antimatter 反物质
Aristotle 亚里士多德

B

baryon 重子
beta-decay 贝塔衰变
beta particle (electron) 贝塔粒子(电子)
Bohr, Niels 尼尔斯·玻尔
Boltzmann, Ludwig 路德维希·玻尔兹曼
Bose-Einstein Condensate (BEC) 玻色–爱因斯坦凝聚
Boson 玻色子
Boyle, Robert 罗伯特·波义耳
Brownian motion 布朗运动
Buckminster fullerene 巴克敏斯特富勒烯

C

CERN 欧洲核子研究中心
Chandrasekhar mass 钱德拉塞卡质量
Cooper pair 库珀对
Coulomb electrical force 库伦电场力
Curie temperature 居里温度

D

Dalton, John 约翰·道尔顿
de Broglie wavelength 德布罗意波
Democritus 德谟克利特

E

Eddington, Arthur 亚瑟·爱丁顿
Einstein, Albert 阿尔伯特·爱因斯坦
entropy 熵

F

Faraday, Michael 迈克尔·法拉第
fermi energy, or fermi level 费米能，或费米能级
Fermion 费米子
Feynman, Richard 理查德·费曼
field 场
Franklin, Benjamin 本杰明·富兰克林

G

galaxy 银河系
Galileo Galilei 伽利略·伽利莱
gamma radiation 伽马辐射
graphene 石墨烯
gravitational wave 引力波
graviton 引力子

ground state 基态

H

Hadron 强子
Hall effect 霍尔效应
Heisenberg's uncertainty principle 海森堡不确定性原理
Higgs mechanism 希格斯机制
Higgs, Peter 彼得・希格斯
Hoyle, Fred 弗雷德・霍伊尔
Hubble, Edwin 爱德文・哈勃

I

ion 离子
ionic bond 离子键

J

Josephson effect 约瑟夫森效应

K

Kapitsa, Pyotr 彼得・卡皮察
Kilonova 千新星

L

Lamb shift 兰姆位移
Large Hadron Collider (LHC) 大型强子对撞机
Lavoisier, Antoine 安托万・拉瓦锡
Lorentz, Hendrik 亨德里克・洛伦兹
Lucretius 卢克莱修

M

Maxwell, James Clerk 詹姆斯・克拉克・麦克斯韦
Meissner effect 迈斯纳效应
Mendeleev, Dmitri 德米特里・门捷列夫
meson 介子

N

neutrino 中微子
neutron 中子
neutron star 中子星
Newton, Isaac 艾萨克・牛顿
Nöther's theorem 诺特定理
nucleon 核子

O

Onnes, Kamerlingh 卡末林・昂内斯

P

Pauli exclusion principle 泡利不相容原理
photon 光子
Planck length 普朗克长度
Planck's constant 普朗克常数
Priestley, Joseph 约瑟夫・普里斯特利
proton 质子

Q

Quantum Hall Effect 量子霍尔效应
quarks 夸克

R

Rayleigh, Lord 瑞利勋爵
Rubin, Vera 薇拉・鲁宾

S

Sagan, Carl 卡尔・萨根

Sakharov, Andrei 安德烈·萨哈罗夫
Schrödinger, Erwin 欧文·薛定谔
Schrödinger's cat 薛定谔的猫

T

Thompson, J. J. 汤普森
tunnelling, quantum 量子隧穿

U

uncertainty principle 不确定性原理

V

Van der Waals force 范德华力
vector boson 矢量玻色子

W

white dwarf star 白矮星

X

X-ray X 射线

Y

Young, Thomas 托马斯·杨

Z

Zwicky, Fritz 弗里茨·兹威基

扩展阅读

Peter Atkins, *Galileo's Finger* (OUP, 2003).
Jim Baggott, *Mass* (OUP, 2017).
Stephen Blundell, VSI *Superconductivity* (OUP, 2009).
Brian Cathcart, *The Fly in the Cathedral* (Penguin, 2004).
Frank Close, VSI *Particle Physics* (OUP, 2012).
Richard Feynman, *QED* (Princeton University Press, 1988).
John Gribbin, *Einstein's Master Work* (Icon Books, 2015).
John Polkinghorne, VSI *Quantum Theory* (OUP, 2002) (this book describes quantum entanglement, which is not covered in Chapter 5).
Martin Rees, *Just Six Numbers* (Weidenfeld & Nicolson, 1999).
Carlo Rovelli, *Reality is not what it seems* (Allen Lane, 2016).
Russell Stannard, VSI *Relativity* (OUP, 2008).
Paul Strathern, *Mendeleev's Dream* (Penguin, 2001).
Stephen Weinberg, *The First Three Minutes* (Basic Books, 1993).
Stephen Weinberg, *To Explain The World* (Allen Lane, 2015).
Frank Wilczek, *The Lightness of Being* (Allen Lane, 2009).